CE SEXE
QUI N'EN EST PAS UN

DU MÊME AUTEUR

☆m

SPECULUM, DE L'AUTRE FEMME, 1974.
ET L'UNE NE BOUGE PAS SANS L'AUTRE, 1979.
AMANTE MARINE. De Friedrich Nietzsche, 1980.
PASSIONS ÉLÉMENTAIRES, 1982.
L'OUBLI DE L'AIR. Chez Martin Heidegger, 1983.

Aux Éditions Mouton

LE LANGAGE DES DÉMENTS, Coll. « Approaches to semiotics », 1973.

COLLECTION "CRITIQUE"

LUCE IRIGARAY

CE SEXE QUI N'EN EST PAS UN

LES ÉDITIONS DE MINUIT

ISBN 2-7073-0155-8

LE MIROIR,
DE L'AUTRE CÔTÉ

...elle reprit : « Alors, finalement, c'est vraiment arrivé! Et maintenant qui suis-je? Je *veux* m'en souvenir, si je peux! Je suis bien décidée à le faire! » Mais d'être si bien décidée ne l'aida pas beaucoup, et tout ce qu'elle trouva à dire après forte réflexion, fut : « L, je *sais* que ça commence par un L. »

(De l'autre côté du miroir.)

Alice a des yeux bleus. Et rouges. *Elle s'est ouvert les yeux en traversant le miroir. Pour le reste apparemment encore soustraite à la violence. Vivant, seule, dans sa maison. Ce qu'elle préfère, affirme sa mère. Elle n'en sort que pour remplir son rôle de maîtresse. D'école, bien entendu. Où on écrit, par tous les temps, des faits immuables. En blanc et noir, en noir et blanc, suivant qu'il s'agit du tableau ou de la page du cahier. Sans modifications de couleurs, en tout cas. Celles-ci sont réservées pour quand Alice est seule.* Derrière l'écran de la représentation. *Dans la maison ou le jardin.*

Mais, justement, au moment où l'histoire pourrait commencer, recommencer, « c'est l'automne ». Il faudrait saisir ce moment où les choses ne sont pas encore tout à fait figées, mortes, pour qu'il se passe quelque chose. Mais tout est oublié : les « instruments de mesure », le « manteau », l' « étui », et surtout les « lunettes ». « Comment peut-on vivre sans ça? » Qui réglait jusqu'à présent les limites des propriétés, *distinguait le dehors du dedans, opposait le bien vu au mal vu. Permettait d'apprécier, de reconnaître, la valeur de tout. De s'y accommoder, éventuellement.*

Les voilà tous perdus, sans leurs repères habituels. Où est la différence entre un ami et pas d'ami? Une vierge et une putain? Sa femme et la femme qu'on aime? Celle que l'on désire et celle avec laquelle on fait l'amour? Une femme et une autre femme? La propriétaire de la maison et celle qui en use pour son plaisir, qu'on y rencontre pour le plaisir? Dans quelle maison et avec quelle femme l'amour a-t-il — eu, aura-t-il — lieu? Et d'ailleurs quel est le temps de l'amour? Celui du travail? Comment définir leurs enjeux respectifs? « Arpenter » a-t-il, ou non, rapport au désir? Le plaisir peut-il, ou non, se métrer, se borner, se trianguler? De plus, « c'est l'automne », les couleurs changent. Virent au rouge. Même si ce n'est pas pour longtemps.

C'est, sans doute, l'instant qu'Alice devrait surprendre. Où elle devrait, elle-même, entrer en scène. Avec ses yeux violés. Bleus et rouges. Qui connaissent l'endroit, l'envers, et le revers; le flou de la déformation; le noir ou blanc de la perte d'identité. Qui s'attendent toujours à ce que les apparences se métamorphosent, à ce que l'un devienne l'autre, soit déjà autre. Mais Alice est à l'école. Elle reviendra pour le goûter, qu'elle prend toujours seule. C'est du moins ce que prétend sa mère. La seule qui ait l'air de savoir qui est Alice.

A quatre heures donc très précises, l'arpenteur entre chez elle. Et comme il faut un prétexte à un arpenteur pour entrer chez quelqu'un, a fortiori s'il s'agit d'une dame, il apporte un panier de légumes. De la part de Lucien. Pénétrant chez « elle » sous le couvert du nom, du vêtement, de l'amour, d'un autre. Pour le coup, cela ne semble pas le gêner. Il ouvre la porte, elle téléphone. A son fiancé. Il s'introduit, une fois encore entre eux, deux. Dans ce qui rapproche, aujourd'hui à quatre heures, une femme et un homme : une rupture. Le rapport entre Lucien et Alice étant plutôt de l'ordre du : pas encore. Ou jamais. Passé et futur apparaissent comme soumis à pas mal d'aléas. « C'est peut-être ça, l'amour? » Il y a aussi les entre-deux mère-Alice, Lucien-Gladys, Alice-son ami (« Elle a déjà un ami, ça lui suffit »), grand-petit (arpenteurs), que retraverse son intervention. Pour ne parler que du déjà exposé.

Réalise-t-il là son entremise? Ou commence-t-il à soupçonner très confusément qu'elle n'est pas simplement elle? Il cherche du feu. Pour masquer ce désordre, occuper cette ambiguïté. La distraire en fumée. Si elle ne voit pas le briquet, pourtant devant elle, elle l'appelle dans la première chambre où doit se trouver de quoi allumer. Sa familiarité avec la maison lève l'angoisse. Il monte. Elle lui propose de jouir d'elle, comme il le veut. Ils se séparent dans le jardin. L'un a oublié « ses » lunettes sous le téléphone, l'autre « sa » casquette sur le lit. Le « feu » a été déplacé.

Il retourne au lieu de son travail. Elle, disparaît dans la nature.
*Est-on samedi ou dimanche? Le temps est-il à l'arpentage ou à
l'amour? Dérouté, il n'a qu'un recours : manger du « gendarme ».
Envie assez impérieuse pour qu'il reparte aussitôt.*

*De gendarmes plus question, du moins pour l'instant. Il(s) se
retrouve(nt) près du jardin. Un homme amoureux et un homme
amoureux d'une femme qui vit dans la maison. Le premier demande
au second, ou plutôt le second demande au premier, s'il peut aller
(re)voir celle qu'il aime. Il commence à avoir peur, et supplie qu'on
lui permette...* Après coup.

*Le bon sens — propre ou commun — sens quoi qu'il en soit de
la* propriété *manque à Lucien. Il donne, fait circuler, sans compter.
Casquette, légumes, consentement. Les siens? Ceux des autres? Sa
femme? Celle d'un autre? C'est dans la* danse *qu'il rejoint son bien.
Ce qui n'exclut pas qu'il souffre que d'autres le prennent. Ailleurs.*

*Il r-entre donc. C'est l'heure du goûter. Elle... Elle? Qui (est)
elle? Elle (est) une autre... cherche de quoi allumer. Où est le feu?
En haut, dans la chambre, signale aimablement l'arpenteur, le grand.
Heureux, enfin, qu'un fait précis, indubitable, vérifiable, se présente.
Qu'il puisse (se) prouver par a + b, à savoir par 1 + 1, c'est-à-dire
par un élément qui se répète, identique à lui-même et pourtant opère
un déplacement au total, qu'il s'agit bien d'un enchaînement, d'une
suite. Bref, d'une* histoire. *Autant dire que c'est* vrai. *Qu'il était
déjà venu là. Qu'il...? Qu'elle? Était? N'était pas? Elle.*
*Car les légumes ne justifieront plus rien. « J'ai dû les manger. »
Qui « je »? Ne reste que le « feu ». Mais il n'est pas là pour étayer
la démonstration. Et s'il l'était, aucune trace de ce qui a eu lieu ne
subsisterait. Quant à certifier que le feu est passé d'ici à là, à affirmer
qu'on sait où il est maintenant, à désigner la chambre d'Alice comme
le seul endroit où il puisse se retrouver, autant de prétentions qui
relèvent de la « magie ».*
*L'occultisme n'a jamais plu à Alice. Ce n'est pas que l'invraisem-
blable la surprenne. Elle en connaît plus que quiconque pour ce qui
est du fabuleux, du fantastique, l'incroyable... Mais, toujours, elle
aura perçu ce dont elle parle. Elle aura assisté à tous les prodiges.*

11

Elle aura été « au pays des merveilles ». Elle n'a pas simplement imaginé, « intuitionné ». Induit, peut-être? Qui plus est à distance. Et à travers des cloisons! Aller au-delà du miroir, c'est une tout autre affaire.

Au reste, ce monsieur ne porte pas dans son regard les marques d'une telle aventure. C'est une question de nuances. S'impose donc qu'il ressorte au plus vite de cette maison. Il ne veut pas? C'est elle qui s'en ira, la désertera. Dehors *est un extraordinaire refuge. Surtout en cette saison, avec toutes ses couleurs. Il vient aussi dans le jardin. Tout près. On n'a donc plus le droit d'être seule? Où aller? Si la maison et le jardin sont ouverts aux tous-venants. Aux arpenteurs omniscients, par exemple. Il faut inventer très vite une retraite qui leur échappe. Se replier dans un lieu dérobé à leurs calculs, à leurs regards, à leurs investigations. A leur pénétration.* Où?

Lucien sait attendre, même très longtemps. Il patiente indéfiniment au bord du potager. Installé hors de la propriété, *il épluche. De préférence des côtes de bettes, qui font grandir les petites filles. Les amènent, insensiblement, au mariage. Il prépare de très loin, avec un grand soin, un avenir. Improbable. Il n'épluche pas que ça. D'où, peut-être, sa venue. Les mains vides. Il n'emprunte même pas le chemin, comme tout le monde. Il arrive par la pelouse. Toujours un peu inconvenant.*

Alice sourit. Lucien sourit. Ils se sourient, complices. Ils *jouent. Elle lui fait cadeau de la casquette. « Que dira Gladys? » Qu'il ait accepté un cadeau d'Alice? Qu'elle lui ait offert cette casquette? « Libellule » dont le parcours furtif subtilise dans le présent l'identité de la donneuse. Est-on plus redevable à celle qui* redouble *la possibilité de la jouissance ou à celle qui l'offre* une première *fois? Et si l'on va de l'une à l'autre, comment encore les différencier? Savoir où l'on (en) est soi-même? La confusion réussit à Lucien. Il est ravi. Puisqu'il en est ainsi, que chacun renonce à être simplement « moimême », dépouille les barrières du mien, tien, sien, il abandonne toute réserve. Sous des airs de ne tenir à rien, d'être prodigue sans mesure, il se gardait un petit domaine. Précisément une* cachette. *Un refuge, encore personnel. Pour quand tout va mal avec tout le monde. Que les soucis sont trop lourds. « Qu'il pleut. » Cet ultime bien, ce rien de propre, il va le faire partager à Alice. Dissiper son caractère privé. C'est dans une sorte de* cave *qu'il la conduit. Lieu dissimulé, dérobé, épargné. Un peu sombre. Ce qu'essayait de trouver Alice? Ce qu'il cherche, lui? Et, comme on en est au secret, ils se parlent à l'oreille. Pour rire, pas pour dire. Mais Lucien sait que la casquette a été oubliée sur le « lit ». Ce fait particulier irrite sa constance. Entraîne sa précipitation. Il va, en écho, manquer son acte. Tout bas, chuchotant, sur le ton de la confidence, il n'en impose pas moins ce qui est.*

Est? pour lui? Pour un autre? Et qu'est-il pour dévoiler ainsi ce qui serait? Alice se fige. Se ferme. Glacée.

Puisqu'on en est à l'exposé des droits de chacun à la jouissance, passons chez l'avocat. La consultation se donnera dehors. Dedans, « la femme écoute aux portes », dit-il.

— « J'ai fait l'amour avec une fille, dans la maison d'une fille. Qu'est-ce que je risque? » — « Rien. » Ça déborde ce qu'on pouvait imaginer. Tout ça pour rien. Gratuitement. Pas même l'ombre d'un danger. D'une peine, d'une dette. D'une perte. Comment continuer d'arpenter au milieu de tels excès? Or il faut bien une suite. A l'histoire.

Reprenons : « J'ai donc couché avec une dame que je ne connais pas, dans la maison d'une autre dame que je ne connais pas. Qu'est-ce que je risque? » — « Quatre ans. » — « Pourquoi? » — « Violation de domicile, sévices. Deux plus deux font quatre, $2 \times 2 = 4$, $2^2 = 4$. Quatre ans. » — « Comment lever cette sommation? » — « Ça dépend des deux. De l'une, de l'autre. Des deux, ensemble. Il faut commencer par identifier ces deux non-unités. Passer ensuite à leurs rapports. » — « J'en ai repéré une. Celle qu'on peut affecter du coefficient maison. » — « Eh bien? » — « Je ne peux apporter d'autres caractéristiques, elle me refuse l'accès à sa propriété. » — « C'est ennuyeux. Et l'autre? La vagabonde, l'errante : l'unité mobile? » — « Elle s'est éclipsée dans la nature. » — « Alors... » — « Pouvez-vous m'aider à la redécouvrir? » — « Ma femme sera furieuse. Je vais me salir. » — « C'est moi qui vous transporterai, vous transférerai. Moi qui porterai le poids, serai malpropre. » — « D'accord. »

Mais où dans la nature? C'est grand. Ici? Là? Il faut bien s'arrêter quelque part. Et si on lui met un peu brusquement les pieds sur terre, forcément il se rend compte qu'il est tout crotté. Ce qui ne devait absolument pas arriver. — « Que dira ma femme? » Que penser d'un homme de loi qui se salit les pieds? Et qui interdit, en dernière instance, la malpropreté? Le juriste? Sa femme? Pourquoi, une fois de plus, faire porter au crédit de l'autre ce qu'on refuse d'imputer

13

à son compte ? Parce que ce pourrait apparaître comme un peu dégoû-
tant. Le côté répugnant de l'honnête homme. De qui prétend l'être.
  L'arpenteur venu, cependant, pour se (re)mettre bien avec la loi
en est tout écœuré. Si l'évaluation en chiffres lui vaut « quatre ans »,
il estime le mérite de l'avocat à « zéro ». C'est de là qu'il va devoir
repartir.

  Lucien est retourné chez Gladys. Il soupire. Encore. Trop de
précision le rend triste. Perdu. Il re-garde indéfiniment, derrière une
vitre, la représentation de la scène. Ce non-vu dont l'existence troue
son regard. L'assiège, fixe. *Gladys ferme la porte de la maison. Lucien*
parle. Enfin. — « Les salauds, ils ont fait l'amour ensemble. » —
« Qui ont fait l'amour, Lucien ? Qui l'un ? Qui l'autre ? Et l'une
est-elle bien ce que tu veux qu'elle soit ? Celle que tu désirerais ? ».
Les dames se flouent, *vierge et/ou pute. Le rabattage de l'une sur*
l'autre opère, insensiblement. Le trouble redevient légitime. *La*
glace fond, déjà brisée. Où (en) est-on ? Tout vire. On danse.

  De la musique, donc, pour accompagner, entraîner, le rythme.
L'orchestre va jouer. Ailleurs, bien sûr. Vous aurez commencé à
remarquer que c'est toujours dans/sur une *autre* scène *que les*
choses accomplissent leur réalisation. Que leur manifestation se sature
jusqu'à excéder la simple évidence, certitude. Visibilité présente de
l'événement. Report incessant du complément de ce qui se fomente
ici à là — où ? — du maintenant à l'après — coup ? — de l'un à
l'autre — qui ? Et inversement. Redoublement, doublure dédou-
blante, des séquences, des images, des énoncés, des « sujets ». Repré-
sentation par l'autre des projets de l'un(e). Qu'il/elle met au
jour en les décalant. Expropriation irréductible du désir du fait
de son impression dans/sur *l'autre. Matrice, support, de la*
possibilité de sa répétition, et reproduction. Même, et autre.

  Le duo qui se (re)produit actuellement a pour interprètes la mère
d'Alice et son fiancé. Les instruments sont, pour être clair, des vio-
loncelles. Pour la première fois le tiers, un des tiers, assiste à la par-
tie. Alice. A l'écart, dans un coin de la pièce — une troisième
chambre —, *elle semble écouter, ou regarder. Mais est-elle bien là ?*
Ou au moins à demi absente. Écoutant, regardant, aussi, ce qui va
arriver. Ce qui est déjà passé. Dedans et dehors. *Sans présomp-*

tion de ce qui définit une fois pour toutes l'un et l'autre. Différence toujours en déplacement. Si « elle » rêve, « je » doit sortir?
La séance se poursuit. Quelqu'un s'est éclipsé. Un autre va assurer
la suppléance de ce sujet manquant. Il suffit, à peine, d'attendre.

Il r-ouvre la porte de la maison. Écoute, regarde. Mais son rôle
est plutôt d'intervenir. De subvertir tous les couples, en « marchant
entre ». « Les maisons, les gens, les sentiments ». Pour les départir,
éventuellement les ré-accorder. Après son passage, l'endroit aura
perdu son envers. Peut-être son revers également. Mais « comment
peut-on vivre sans ça? » Avec une seule face, un seul visage, un seul
sens. Sur un seul plan. Toujours du même côté du miroir. Ce tranché coupe chacun de son autre, qui brusquement lui apparaît comme
tout autre. Étrangement inconnu. Adverse, néfaste. Froidement
autre.

« Comment peut-on vivre avec ça »? — « Depuis cinq ans, elle est
cruelle avec moi! » — « Regardez-le donc avec cet air sempiternelle-
ment sinistre! » Mais qu'Eugène mime le chat auquel on a coupé la
queue, qu'il se débarrasse sur l'arpenteur du poids du seul instrument dont elle souffre l'intromission dans sa maison, il est féroce. Et si
elle soupire, s'angoisse, pleure, vous aurez compris qu'elle n'est pas
toujours gaie. Essayez d'ailleurs de conseiller à l'un de partir puisqu'on le fait souffrir, il laissera là son engin pour être sûr d'avoir
à revenir. Dites à l'autre qu'elle ne l'aime pas, ou plus, elle rira.
Même si elle est triste. Pourtant vous étiez là — peut-être pour un
instant seulement — avec des yeux qui savent regarder, du moins un
certain aspect de la situation, ils ne s'y retrouvent plus. Ils ne peuvent
plus se rejoindre. Mieux vaut qu'ils se séparent. En tout cas, pour
aujourd'hui. Ils ne se sont, du reste, jamais unis. Chacun suppor-
tant l'autre de l'autre. En attendant.

Alice est seule. Avec l'arpenteur, le grand. Celui qui a fait l'amour
à celle qui occupait sa maison. Ça s'est même passé sur son lit. Elle
sait, à présent. Lui aussi a compris quelque chose du malentendu dans
l'intervalle. — « Regrettez-vous   cette   erreur? » — « Non. » —
« Voulez-vous que nous dissipions cette confusion? » — « ...? » —
« Le souhaiteriez-vous? » — « .....? » Comment les différencier
dans la même attribution?
Comment me distinguer par rapport à elle? A force de passer

15

sans cesse de l'autre côté, d'être toujours outre, *parce que de ce côté-ci de l'écran de leurs projections, sur ce* plan *de leurs représentations, je ne peux pas vivre.* Toutes ces images, ces discours, ces phantasmes, me *paralysent, me* figent. Me glacent. *Transie, y compris par leur admiration, leurs louanges, ce qu'ils appellent leur « amour ». Écoutez-les tous parler d'Alice : ma mère, Eugène, Lucien, Gladys... Vous avez entendu qu'ils me départagent, au mieux de leurs intérêts. Je ne me connais donc aucun « moi », ou alors la multitude des « moi » appropriés par eux, pour eux, en fonction de leurs besoins, ou désirs. Or celui-ci ne dit pas ce qu'il veut — de moi. Je suis toute perdue. En fait, je l'ai toujours été, mais je ne le sentais pas. Occupée à me conformer à leurs envies. Mais plus qu'à demi absente.* De l'autre côté. *Alors, voilà ce que je peux évoquer de mon identité : je porte le nom de mon père, monsieur Taillefer. J'ai toujours habité dans cette maison. D'abord avec mon père et ma mère. Lui est mort. Depuis, je vis seule ici. Ma mère demeure à côté. Et après ?...*

— *« Qu'a-t-elle fait ensuite ? » Elle n'est pas moi. Mais j'aimerais être « elle » pour vous. Par le détour d'elle, peut-être vais-je découvrir, enfin, ce que « je » pourrait être. — « Qu'a-t-elle fait ? »* — *« Elle est allée en haut pour chercher du feu. Elle m'a appelé. »* — *« Comment vous appelez-vous ? »* — *« Léon... » Je monte donc, puisqu'elle s'est comportée ainsi. La seule différence que je marque — par décision ? par erreur ? — sera de crier son nom d'une autre chambre.* La deuxième. *Il arrive, mais c'est dans la première chambre qu'il veut entrer. Se trompe-t-il une nouvelle fois ? Ne s'est-il jamais trompé ? Pour qu'il y ait méprise, il faudrait que l'une soit « elle », l'autre pas.* Peut-on identifier qui est « elle », ou pas ? *L'important est, sans doute, que la scène se répète. A peu près identique. Dès lors, « elle » sera* unique. *Quoi qu'il en soit de la diversité des re-vêtements.*

— *« Que dois-je faire maintenant ? »* — *« Je ne sais pas. » C'est toute seule qu'Alice était ailleurs. Qu'elle a assisté à toutes sortes de merveilles. Qu'elle allait et venait d'un côté à l'autre. De ce côté, elle ne connaît que des repères bien factices, des contraintes très artificielles. Scolaires, en quelque sorte. Ceux de l'école maternelle, communale. Et là, devant lui, elle ne se sent pas maîtresse. Mais lui ne sait pas. Non plus. Il ôte son manteau, comme elle l'avait fait. Et après ?...*

— *« Dois-je enlever d'abord ce que j'ai dessus, ensuite dessous ? Le contraire ? Aller du dehors au dedans ? Ou en sens inverse ? »* — *« ...? » Et parce qu'elle a toujours été secrète, qu'elle a toujours tout caché, et que dans ce repli personne ne l'a découverte, elle croit qu'il suffit simplement de tout retourner. De s'exposer dans sa nudité pour qu'on puisse, qu'il puisse, la regarder, la toucher, la prendre.*

— « *Est-ce que je vous plais ?* » Le sait-il ? Qu'est-ce que ça veut dire ? Comment désigner la source du plaisir ? Pourquoi s'en départir pour elle ? *Et qui est-ce, qu'est-ce que cet « elle » qui lui demande, à peine sujet, de lui assigner certains attributs, de lui reconnaître des caractères exclusifs ? L'arpentage, apparemment, ne lui sert pas beaucoup en amour. En tout cas, pour l'amour d'elle. Comment mesurer, définir, en vérité, ce qui se tient* derrière le plan des projections. *Ce qui outrepasse ces/ses limites. Encore* propres. *Sans doute peut-il jouir de ce qui s'y produit, de qui s'y présente, ou représente. Ce pourra même être dans le dedans de (ce) qui y est encore concevable. Mais comment aller au-delà de cet horizon ? Désirer sans pouvoir fixer le point de mire ? Viser l'autre côté du miroir ?*

Dehors, Alice, c'est la nuit. On n'y voit rien. On ne peut même pas marcher droit, se tenir longtemps debout, dans le tout noir. On perd l'équilibre. Plus d'aplomb. Au mieux, on branle. — « *On boite, dehors. Je vais voir.* »

L'histoire *touche à sa fin. Se tournant, et retournant,* dans une enceinte *qui ne sera pas transgressée, du moins pendant son déroulement : l'espace de quelques propriétés privées. Un certain pourtour ne sera pas franchi, un certain comble non excédé. Ce qui aurait contraint à trouver pour l'après un autre style, une autre facture. Il aurait fallu, au moins, deux genres. Et plus. Pour les faire s'articuler. Se conjoindre. Mais à quel moment ?* Dans quel endroit ? *Et le deuxième, ici, n'aura-t-il pas été seulement* l'envers du premier. *Parfois, plus communément, son complément. Plus ou moins adéquat. Plus ou moins copulable. Il n'aura jamais été question que d'un seul finalement. Unité divisée en moitiés. Plus, ou moins. Identifiables, ou pas. Dont on n'aura même pas épuisé les possibilités de jouissance. En laissant encore de reste.* Derrière. *Pour une autre fois.*

D'avoir atteint aux bords de son champ, de son cadre présent, l'affaire cependant s'envenime. La suite des événements témoigne d'une exacerbation croissante. Mais il n'est pas sûr que cela n'aboutisse pas à une sorte de régression. Au recul de chacun sur ses positions.

Le jour s'étant levé, l'arpenteur, le grand, pense qu'il convient de prendre certaines mesures. Même si on est enfin dimanche. N'osant le faire seul, il téléphone au petit d'aller rechercher son manteau, qu'il n'a pas oublié chez Alice. Pour savoir où l'on en est. S'expliquer. Supputer les risques. D'une inculpation... Il le conduit dans son auto jusqu'à la barrière de la maison. Et l'attendra au bistrot, où il retrouve Lucien. Les choses se passent plutôt mal entre eux. Ils en sont aux injures : « con » de la part de qui vous savez, « impoli » venant du plus timide, qui se fera néanmoins vertement tancer pour cet outrage insignifiant. C'est que Léon ne plaisante pas avec des règles, si nécessaires dans son métier. Alice n'a pas le manteau, cependant elle le gardera. Parce qu'elle veut le revoir. — « Pourquoi le voulez-vous ? » — « Je le veux » — « Pourquoi ? » — « Pour vivre à l'endroit. » Mais vous ne pouvez pas comprendre de quoi il s'agit. Vous n'y voyez rien. Ou si peu. Or, justement, il vient d'apercevoir un élément déterminant pour envisager clairement les faits : les lunettes oubliées (?) par Ann sous le téléphone. Elle les essaie. Sourit. « Comment peut-on vivre sans ça ? » Il faut absolument les rendre à Léon, à qui elles n'appartiennent pas. Car tout le monde — et en particulier Léon et Alice — devraient en porter quand il arrive un événement vraiment important. Cela aiderait à redresser la situation, ou le contraire. Ensuite ils les jetteraient. C'est sûrement ce qu'a fait Ann. Le petit Max remet à Léon les lunettes d'Ann, pendant qu'Alice lui téléphone de venir les reprendre chez elle, car elle craint de les lui casser : tout verre est fragile pour elle. Léon découvre l'énigme de la disparition d'Ann. Elle ne pouvait pas vivre sans ça. Il va au commissariat, et avoue tout. Le gendarme, lui, n'y comprend rien. C'est encore une question d'optique. Il ne voit pas de motif de sévir, la raison de la culpabilité, la possibilité a fortiori de réparer. Mais il est prêt à se démettre de ses fonctions sur un spécialiste. Interdiction, donc, pour Léon de purger sa peine. De plus en plus accablé, il retourne chez celle, l'une d'elles, qu'il délègue maintenant comme son juge. Ann est arrivée en bicyclette avant lui.

Toujours en quête d'elle, Alice amène Ann à raconter comment ça s'est passé. Elle assure, évidemment, que pour elle c'était pareil.

Et pour (se) prouver qu'elle est bien « elle », Alice devance Ann dans la suite du récit. Elle dit ce qui advient quand tout est déjà fini. Ce qui lui est arrivé le lendemain, qui pour elle n'a pas encore eu lieu. Que l'amour c'est bien une fois, mais qu'il ne faut surtout pas recommencer. Que lui risque d'être un peu importun avec sa tendance à tout répéter.

Qui a parlé? Au nom de qui? La suppléant, il n'est pas sûr qu'elle n'essaie pas aussi de la supplanter. D'être encore plus (qu') « elle ». *D'où cet appendice qu'elle ajoute à ce qui aurait eu lieu :* « Il désire même avoir un enfant avec moi. » *Elles se taisent, différemment confondues.*

C'est l'instant où l'arpenteur, bien sûr, va intervenir. Mais comment les départager? *Qui est-elle? Et elle? Elles n'étant pas la somme de deux unités, par où passer entre?*

Elles se lèvent, toutes deux, pour lui répondre. Mais Ann sait mieux y faire. C'est elle qui ira lui dire ce qu'elles pensent. Elles? Ou elle? Laquelle? « L'une, ou l'autre, les deux, ou aucune des deux. » — « C'est vous! » — « C'est moi. » Elle est là devant moi, comme si rien ne s'était jamais passé. J'ai donc inventé tout ce qui devait lui arriver? Tout ce qu'elle était? — « Je ne veux plus vous revoir. » C'est trop fort. Au moment où elle est enfin à nouveau présente, où ce re-voir pourrait se solder, peut-être?, par un reconnaître, elle prétend aussitôt disparaître. — « Et Alice? » — « Non plus. » Ni l'une, ni l'autre. Aucune des deux. Et pas plus les deux, ensemble ou séparément. Comment tolérer qu'elle(s) se dérobe(nt) ainsi. Derrière. La porte de la maison, par exemple. — « Connasse(s), vous me reverrez encore, vous entendrez encore parler de moi. Je reviendrai avec de grosses machines, et je nivellerai, j'aplanirai, je détruirai. La maison, le jardin. Tout. »

Les yeux d'Alice clignent. Lentement, plusieurs fois. Elle va, sans doute, les refermer. Les renverser. *Mais, avant que ne retombent les paupières, vous aurez vu qu'ils étaient* rouges.

Et puisqu'il ne peut être ici question simplement du film de Michel

Soutter * ni simplement d'autre chose. Outre qu' « elle » n'a jamais de nom « propre », qu' « elle » est au mieux « du pays des merveilles », même si « elle » n'a droit à l'existence publique que sous la caution du nom de Monsieur X. Alors, pour qu'on puisse la prendre, ou la laisser sans la nommer, l'oublier sans même l'avoir identifiée, « je » — qui? — restera minuscule. Disons :

« Alice » sous-terre.

* « Les Arpenteurs », dont l'argument serait : Alice vit seule dans la maison de son enfance, depuis la mort de son père. Sa mère habite à côté. Dans le même petit village vivent Lucien et Gladys. Il y a aussi Ann, dont on ne sait rien, sinon qu'elle fait l'amour. Et Eugène, l'ami d'Alice, qui joue seulement du violoncelle. Une autoroute doit traverser le village. Arrivent donc deux arpenteurs — Léon et Max. Mais arpenter, c'est « marcher de long en large à grandes enjambées entre les maisons, les gens et les sentiments ».

CE SEXE
QUI N'EN EST PAS UN

La sexualité féminine a toujours été pensée à partir de paramètres masculins. Ainsi l'opposition activité clitoridienne « virile »/passivité vaginale « féminine » dont parle Freud — et bien d'autres… — comme étapes, ou alternatives, du devenir une femme sexuellement « normale », semble un peu trop requise par la pratique de la sexualité masculine. Car le clitoris y est conçu comme un petit pénis agréable à masturber tant que l'angoisse de castration n'existe pas (pour le petit garçon), et le vagin tire son prix d'offrir un « logis » au sexe masculin quand la main interdite doit se trouver un relais pour le plaisir.

Les zones érogènes de la femme ne seraient jamais qu'un sexe-clitoris qui ne soutient pas la comparaison avec l'organe phallique valeureux, ou un trou-enveloppe qui fait gaine et frottement autour du pénis dans le coït : un non-sexe, ou un sexe masculin retourné autour de lui-même pour s'auto-affecter.

De la femme et de son plaisir, rien ne se dit dans une telle conception du rapport sexuel. Son lot serait celui du « manque », de l' « atrophie » (du sexe), et de l' « envie du pénis » comme seul sexe reconnu valeureux. Elle tenterait donc par tous les moyens de se l'approprier : par son amour un peu servile du père-mari susceptible de le lui donner, par son désir d'un enfant-pénis de préférence garçon, par l'accès aux valeurs culturelles de droit encore réservées aux seuls mâles et de ce fait toujours masculines, etc. La femme ne vivrait son désir que comme attente de posséder enfin un équivalent du sexe masculin.

Or, tout cela paraît assez étranger à sa jouissance, sauf si elle ne sort pas de l'économie phallique dominante. Ainsi, par exemple, l'auto-érotisme de la femme est-il très différent de celui de l'homme. Celui-ci a besoin d'un instrument pour se toucher : sa main, le sexe de la femme, le langage... Et cette auto-affection exige un minimum d'activité. La femme, elle, se touche d'elle-même et en elle-même sans la nécessité d'une médiation, et avant tout départage possible entre activité et passivité. La femme « se touche » tout le temps, sans que l'on puisse d'ailleurs le lui interdire, car son sexe est fait de deux lèvres qui s'embrassent continûment. Ainsi, en elle, elle est déjà deux — mais non divisibles en un(e)s — qui s'affectent.

Le suspens de cet auto-érotisme s'opère dans l'effraction violente : l'écartement brutal de ces deux lèvres par un pénis violeur. Ce qui déporte et dévoie la femme de cette « auto-affection » dont elle a besoin pour ne pas encourir la disparition de son plaisir dans le rapport sexuel. Si le vagin doit relayer, *aussi* et *non seulement,* la main du petit garçon pour assurer une articulation entre auto-érotisme et hétéro-érotisme dans le coït — la rencontre avec le tout autre signifiant toujours la mort —, comment sera aménagée, dans la représentation classique de la sexualité, la perpétuation de l'auto-érotisme pour la femme? Celle-ci ne sera-t-elle pas laissée dans l'impossible choix entre une virginité défensive, farouchement repliée sur elle-même, et un corps ouvert pour la pénétration et qui ne connaît plus, dans ce « trou » que serait son sexe, le plaisir de sa re-touche? L'attention quasi exclusive — et combien angoissée... — portée sur l'érection dans la sexualité occidentale prouve à quel point l'imaginaire qui la commande est étranger au féminin. Il n'y a là, pour une grande part, qu'impératifs dictés par la rivalité entre mâles : le plus « fort » étant celui qui « bande le plus », qui a le pénis le plus long, le plus gros, le plus dur, voire « qui pisse le plus loin » (cf. les jeux entre les petits garçons). Ou encore par la mise en jeu de fantasmes sado-masochistes commandés, eux, par la relation de l'homme à la mère : désir de forcer, de pénétrer, de s'approprier, le mystère de ce ventre où l'on a été conçu, le secret de son engendrement, de son « origine ». Désir-besoin, aussi, de refaire couler du sang pour raviver un très ancien rapport — intra-utérin, sans doute, mais encore pré-historique — au maternel.

La femme, dans cet imaginaire sexuel, n'est que support, plus ou moins complaisant, à la mise en acte des fantasmes de l'homme. Qu'elle y trouve, par procuration, de la jouissance, c'est possible et même certain. Mais celle-ci est avant tout prostitution masochiste de son corps à un désir qui n'est pas le sien; ce qui la laisse dans cet état de dépendance à l'homme qu'on lui connaît. Ne sachant pas ce qu'elle veut, prête à n'importe quoi, en redemandant même, pourvu qu'il la « prenne » comme « objet » d'exercice de son plaisir à lui. Elle ne dira donc pas ce qu'elle désire, elle. D'ailleurs, elle ne le sait pas, ou plus. Comme l'avoue Freud, ce qui concerne les débuts de la vie sexuelle de la petite fille est si « obscur », si « blanchi par les ans », qu'il faudrait comme fouiller très profondément la terre pour retrouver derrière les traces de cette civilisation-ci, de cette histoire-ci, les vestiges d'une civilisation plus archaïque qui pourraient donner quelques indices de ce que serait la sexualité de la femme. Cette civilisation très ancienne n'aurait sans doute pas le même langage, le même alphabet... Le désir de la femme ne parlerait pas la même langue que celui de l'homme, et il aurait été recouvert par la logique qui domine l'Occident depuis les Grecs.

Dans cette logique, la prévalence du regard et de la discrimination de la forme, de l'individualisation de la forme, est particulièrement étrangère à l'érotisme féminin. La femme jouit plus du toucher que du regard, et son entrée dans une économie scopique dominante signifie, encore, une assignation pour elle à la passivité : elle sera le bel objet à regarder. Si son corps se trouve ainsi érotisé, et sollicité à un double mouvement d'exhibition et de retrait pudique pour exciter les pulsions du « sujet », son sexe représente *l'horreur du rien à voir*. Défaut dans cette systématique de la représentation et du désir. « Trou » dans son objectif scoptophilique. Que ce rien à voir doive être exclu, rejeté, d'une telle scène de la représentation s'avoue déjà dans la statuaire grecque. Le sexe de la femme s'en trouve simplement absent : masqué, recousu dans sa « fente ».

Ce sexe qui ne donne pas à voir n'a pas non plus de forme propre. Et si la femme jouit justement de cette incomplétude de forme de son sexe qui fait qu'il se re-touche indéfiniment lui-même, cette jouissance est déniée par une civilisation qui privilégie le phallomorphisme. La valeur accordée à la seule forme définissable barre celle en jeu dans l'auto-érotisme féminin. Le *un* de la forme, de l'individu, du sexe, du nom propre, du sens propre... supplante, en écartant et divisant, ce toucher d'*au moins deux* (lèvres) qui maintient la femme en contact avec elle-même, mais sans discrimination possible de ce qui se touche.

D'où ce mystère qu'elle représente dans une culture qui prétend tout énumérer, tout chiffrer par unités, tout inventorier par individualités. *Elle n'est ni une ni deux.* On ne peut, en toute rigueur, la déterminer comme une personne, pas davantage comme deux. Elle résiste à toute définition adéquate. Elle n'a d'ailleurs pas de nom « propre ». Et son sexe, qui n'est pas *un* sexe, est compté comme *pas de* sexe. Négatif, envers, revers, du seul sexe visible et morphologiquement désignable (même si cela pose quelques problèmes de passage de l'érection à la détumescence) : le pénis.

Mais l' « épaisseur » de cette « forme », son feuilletage comme volume, son devenir plus grande ou plus petite, et encore l'espacement des moments où elle se produit comme telle, le féminin en garde le secret. Sans le savoir. Et, si on lui demande d'entretenir, de ranimer, le désir de l'homme, on néglige de souligner ce que cela suppose quant à la valeur de son désir à elle. Qu'elle ne connaît d'ailleurs pas, du moins explicitement. Mais dont la force et la continuité sont susceptibles de renourrir longtemps toutes les mascarades de « féminité » qu'on attend d'elle.

Il est vrai qu'il lui reste l'enfant, vis-à-vis duquel son appétit de tact, de contact, se donne libre cours, à moins qu'il ne se soit déjà perdu, aliéné dans le tabou du toucher d'une civilisation largement obsessionnelle. Sinon, son plaisir trouvera là compensations et dérivatifs aux frustrations qu'elle rencontre trop souvent dans les rapports sexuels au sens strict. Ainsi la maternité supplée aux carences d'une sexualité féminine refoulée. L'homme et la femme ne se caresseraient plus que par cette médiation entre eux que représente l'enfant? De préférence garçon. L'homme, identifié à son fils, retrouve le plaisir du dorlotage maternel; la femme se re-touche en cajolant cette partie de son corps : son bébé-pénis-clitoris.

Ce que cela entraîne pour le trio amoureux est bien dénoncé. Mais l'interdit œdipien semble une loi quelque peu formelle et factice – le moyen, cependant, de perpétuer le discours autoritaire des pères – quand il s'édicte dans une culture où le rapport sexuel est impraticable du fait de l'étrangeté l'un à l'autre du désir de l'homme et de celui de la femme. Et où l'un(e) et l'autre doivent bien tenter de se rejoindre par quelque biais : celui, archaïque, d'un rapport sensible au corps de la mère; celui, présent, de la prorogation active ou passive de la loi du père. Comportements affectifs régressifs, échanges de mots trop abstraits du sexuel pour qu'ils ne constituent pas un exil par rapport à lui : la mère et le père dominent le fonctionnement du couple, mais comme rôles sociaux. La division du travail les empêche de faire l'amour. Ils produisent ou reproduisent. Ne sachant trop comment utiliser leurs loisirs. Pour peu qu'ils en aient, qu'ils veuillent d'ailleurs en avoir. Car qu'en faire? Quelle suppléance à la ressource amoureuse inventer? Encore...

Peut-être revenir sur ce refoulé qu'est l'imaginaire féminin? Donc la femme n'a pas un sexe. Elle en a au moins deux, mais non identifiables en uns. Elle en a d'ailleurs bien davantage. Sa sexualité, toujours au moins double, est encore *plurielle*. Comme se veut maintenant la culture? S'écrivent maintenant les textes? Sans trop savoir de quelle censure ils s'enlèvent? En effet, le plaisir de la femme n'a pas à choisir entre activité clitoridienne et passivité vaginale, par exemple. Le plaisir de la caresse vaginale n'a pas à se substituer à celui de la caresse clitoridienne. Ils concourent l'un et l'autre, de manière irremplaçable, à la jouissance de la femme. Parmi d'autres... La caresse des seins, le toucher vulvaire, l'entr'ouverture des lèvres, le va-et-vient d'une pression sur la paroi postérieure du vagin, l'effleurement du col de la matrice, etc. Pour n'évoquer que certains des plaisirs les plus spécifiquement féminins. Un peu méconnus dans la différence sexuelle telle qu'on l'imagine. Ou ne l'imagine pas : l'autre sexe n'étant que le complément indispensable au seul sexe.

Or, *la femme a des sexes un peu partout.* Elle jouit d'un peu partout. Sans parler même de l'hystérisation de tout son corps, la géographie de son plaisir est bien plus diversifiée, multiple dans ses différences, complexe, subtile, qu'on ne l'imagine... dans un imaginaire un peu trop centré sur le même.

« Elle » est indéfiniment autre en elle-même. De là vient sans doute qu'on la dit fantasque, incompréhensible, agitée, capricieuse... Sans aller jusqu'à évoquer son langage, où « elle » part dans tous les sens sans qu' « il » y repère la cohérence d'aucun sens. Paroles contradictoires, un peu folles pour la logique de la raison, inaudibles pour qui les écoute avec des grilles toutes faites, un code déjà tout préparé. C'est que dans ses dires aussi – du moins quand elle l'ose – la femme se re-touche tout le temps. Elle s'écarte à peine d'elle-même d'un babillage, d'une exclamation, d'une demi-confidence, d'une phrase laissée en suspens... Quand elle y revient, c'est pour repartir d'ailleurs. D'un autre point de plaisir, ou de douleur. Il faudrait l'écouter d'une autre oreille comme *un « autre sens » toujours en train de se tisser, de s'embrasser avec les mots, mais aussi de s'en défaire pour ne pas s'y fixer, s'y figer.* Car si « elle » dit ça, ce n'est pas, déjà plus, identique à ce qu'elle veut dire. Ce n'est jamais identique à rien d'ailleurs, c'est plutôt contigu. *Ça touche (à).* Et quand ça s'éloigne trop de cette proximité, elle coupe et elle recommence à « zéro » : son corps-sexe.

Inutile donc de piéger les femmes dans la définition exacte de ce qu'elles veulent dire, de les faire (se) répéter pour que ce soit clair, elles sont déjà ailleurs que dans cette machinerie discursive où vous prétendriez les surprendre. Elles sont retournées en elles-mêmes. Ce qu'il ne faut pas entendre

de la même façon qu'en vous-même. Elles n'ont pas l'inté-
riorité que vous avez, que vous leur supposez peut-être. En
elles-mêmes, cela veut dire *dans l'intimité de ce tact silencieux,*
multiple, diffus. Et si vous leur demandez avec insistance à
quoi elles pensent, elles ne peuvent que répondre : à rien.
A tout.

Ainsi ce qu'elles désirent n'est précisément rien, et en
même temps tout. Toujours plus et autre chose que cet *un*
— de sexe, par exemple — que vous leur donnez, leur prêtez.
Ce qui est souvent interprété, et redouté, comme une sorte
de faim insatiable, une voracité qui va vous engloutir tout
entier. Alors qu'il s'agit surtout d'une autre économie, qui
déroute la linéarité d'un projet, mine l'objet-but d'un désir,
fait exploser la polarisation sur une seule jouissance, déconcerte la fidélité à un seul discours...

Ce multiple du désir et du langage féminins doit-il être
entendu comme éclats, restes épars d'une sexualité violée?
Niée? Question à laquelle il ne peut être simplement
répondu. Le rejet, l'exclusion, d'un imaginaire féminin met
certes la femme en position de ne s'éprouver que fragmentairement, dans les marges peu structurées d'une idéologie
dominante, comme déchets, ou excès, d'un miroir investi
par le « sujet » (masculin) pour s'y refléter, s'y redoubler
lui-même. Le rôle de la « féminité » est d'ailleurs prescrit
par cette spécula(risa)tion masculine et ne correspond que
bien peu au désir de la femme, qui ne se récupérerait qu'en
secret, en cachette, de façon inquiète et coupable.

Mais, si l'imaginaire féminin venait à se déployer, à pouvoir se mettre en jeu autrement qu'en morceaux, débris,
privés de leur rassemblement, se représenterait-il pour
autant sous la forme d'*un* univers? Serait-il même volume
plutôt que surface? Non. A moins de l'entendre, encore une
fois, comme privilège du maternel sur le féminin. D'un
maternel d'ailleurs phallique. Refermé sur la possession
jalouse de son produit valeureux. Rivalisant avec l'homme
dans l'estimation d'un plus productif. Dans cette course au
pouvoir, la femme perd la singularité de sa jouissance. A se
clore en volume, elle renonce au plaisir qui lui vient de la
non-suture de ses lèvres : mère sans doute mais vierge, rôle que

les mythologies lui assignent depuis longtemps. Lui reconnaissant une certaine puissance sociale pour autant qu'elle soit réduite, avec sa complicité, à l'impuissance sexuelle.

Se (re)trouver pour une femme ne pourrait donc signifier que la possibilité de ne sacrifier aucun de ses plaisirs à un autre, de ne s'identifier à aucun en particulier, *de n'être jamais simplement une.* Sorte d'univers en expansion auquel nulles limites ne pourraient être fixées et qui ne serait pas pour autant incohérence. Ni cette perversion polymorphe de l'enfant dans laquelle les zones érogènes seraient en attente de leur regroupement sous le primat du phallus.

La femme resterait toujours plusieurs, mais gardée de la dispersion parce que l'autre est déjà en elle et lui est autoérotiquement familier. Ce qui n'est pas dire qu'elle se l'approprie, qu'elle le réduit en sa propriété. Le propre, la propriété sont, sans doute, assez étrangers au féminin. Du moins sexuellement. Mais non *le proche.* Le si proche que toute discrimination d'identité en devient impossible. Donc toute forme de propriété. La femme jouit d'un *si proche qu'elle ne peut l'avoir, ni s'avoir.* Elle s'échange elle-même sans cesse avec l'autre sans identification possible de l'un(e) ou l'autre. Ce qui fait question à toute économie en cours. Que la jouissance de la femme met irrémédiablement en échec dans ses calculs : s'accroissant indéfiniment de son passage dans/par l'autre.

Mais, pour que la femme advienne là où elle jouit comme femme, un long détour par l'analyse des divers systèmes d'oppression qui s'exercent sur elle est certes nécessaire. Et prétendre recourir à la seule solution du plaisir risque de lui faire manquer ce que *sa* jouissance exige comme retraversée d'une pratique sociale.

Car la femme est traditionnellement valeur d'usage pour l'homme, valeur d'échange entre les hommes. Marchandise, donc. Ce qui la laisse gardienne de la matière, dont le prix sera estimé à l'étalon de leur travail et de leur besoin-désir par des « sujets » : ouvriers, marchands, consommateurs. Les femmes sont marquées phalliquement par leurs pères, maris, proxénètes. Et cet estampage décide de leur valeur dans le commerce sexuel. La femme ne serait jamais que le lieu d'un échange, plus ou moins rival, entre deux hommes, y compris pour la possession de la terre-mère.

Comment cet objet de transaction peut-il revendiquer un droit au plaisir sans sortir du commerce établi ? Comment cette marchandise pourrait-elle avoir aux autres marchandises une relation différente d'une jalousie agressive sur le marché ? Comment la matière pourrait-elle jouir d'elle-même sans provoquer chez le consommateur l'angoisse de la disparition de son sol nourricier ? Comment cet échange en rien qui se puisse définir en termes « propres » du désir de la femme n'apparaîtrait-il pas comme pur leurre, folie, trop vite recouvrables par un discours plus sensé et un système de valeurs apparemment plus tangibles ?

L'évolution, aussi radicale se voudrait-elle, d'une femme ne suffirait donc pas à libérer le désir de la femme. Et aucune théorie ni pratique politiques n'ont jusqu'à présent résolu, ni suffisamment pris en compte, ce problème historique, même si le marxisme en a annoncé l'importance. Mais les femmes ne forment pas à strictement parler une classe, et leur dispersion dans plusieurs rend leur combat politique complexe, leurs revendications parfois contradictoires.

Reste cependant leur condition de sous-développement venant de leur soumission par/à une culture qui les opprime, les utilise, les « monnaie », sans qu'elles en tirent grand profit. Sinon dans le quasi-monopole du plaisir masochiste, du travail domestique, et de la reproduction. Pouvoirs d'esclaves ? Qui ne sont d'ailleurs pas nuls. Car, pour ce qui concerne le plaisir, le maître n'est pas forcément bien servi. Donc inverser le rapport, surtout dans l'économie du sexuel, ne semble pas un objectif enviable.

Mais si les femmes doivent préserver et épanouir leur auto-érotisme, leur homo-sexualité, renoncer à la jouissance hétérosexuelle ne risque-t-il pas de correspondre encore à cette amputation de puissance qui est traditionnellement la leur ? Nouvelle incarcération, nouveau cloître, qu'elles bâtiraient de leur plein gré ? Qu'elles fassent tactiquement la grève, qu'elles se tiennent à l'écart des hommes le temps d'apprendre à défendre leur désir notamment par . la parole, qu'elles découvrent l'amour des autres femmes à l'abri de ce choix impérieux des mâles qui les met en position de marchandises rivales, qu'elles se forgent un statut social qui force la reconnaissance, qu'elles gagnent leur vie pour sortir de leur condition de prostituées... sont certes des étapes indispensables à la sortie de leur prolétarisation sur le marché des échanges. Mais, si leur projet visait simplement à renverser l'ordre des choses — admettons même que cela soit possible... —, l'histoire reviendrait finalement encore au même. Au phallocratisme. Ni leur sexe, ni leur imaginaire, ni leur langage n'y (re)trouveraient leur avoir lieu.

RETOUR
SUR LA THÉORIE
PSYCHANALYTIQUE

LA THÉORIE FREUDIENNE

ORGANISATION LIBIDINALE DES STADES PRÉ-ŒDIPIENS

« Les individus des deux sexes semblent traverser de la même manière les premiers stades de la libido. Contre toute attente, la petite fille, au stade sadique-anal, ne témoigne pas de moins d'agressivité que le petit garçon... Dès le début de la phase phallique, les similitudes sont infiniment plus marquées que les divergences. Nous devons admettre que *la petite fille est alors un petit homme.* Parvenu à ce stade, on le sait, le garçonnet apprend à se procurer, grâce à son petit pénis, de voluptueuses sensations et cette excitation est en rapport avec certaines représentations de rapports sexuels. La petite fille se sert, dans le même but, de son *clitoris* plus petit encore. Il semble que, chez elle, tous les actes masturbatoires intéressent cet *équivalent du pénis* et que, pour les deux sexes, *le vagin, spécifiquement féminin,* ne soit *pas encore découvert* »* [1]. Pour Freud, les premières phases du développement sexuel se déroulent de façon identique chez le garçon et la fille. Ce qui se justifie par le fait que les zones érogènes sont les mêmes et jouent un rôle semblable : sources d'excitation et de satisfaction des pulsions dites « partielles ». Ces zones érogènes sont, de façon privilégiée, la bouche et l'anus, mais aussi les organes génitaux qui, s'ils n'ont pas encore subordonné toutes les pulsions partielles à la « fonction sexuelle » ou fonction reproductrice, interviennent eux-mêmes à titre de zone érogène notamment dans la masturbation.

---

* Souligné par moi. Les appels de notes renvoient aux références bibliographiques qui se trouvent en fin de chapitre.

35

Le primat de l'organe mâle.

Que la *bouche* ou l'*anus* soient « neutres » du point de vue de la différence des sexes, cela ne semble pas faire problème pour Freud. Quant à l'identité des zones génitales elles-mêmes, il dira, s'appuyant sur la biologie et sur ses observations analytiques, que pour la fillette *le seul clitoris est en jeu* en ce temps de son développement sexuel et que le clitoris peut être considéré comme un *pénis tronqué,* un « plus petit » pénis, un « reliquat embryologique prouvant la nature bisexuelle de la femme », une « zone érogène semblable à celle que l'on trouve dans le gland ». La petite fille est bien alors un petit homme, et toutes ses pulsions et plaisirs sexuels, notamment masturbatoires, sont en fait « virils ».

Ces énoncés sont développés, entre autres, dans les *Trois essais sur la théorie de la sexualité*[2], où il est affirmé que l'*hypothèse d'un seul et même appareil génital — l'organe mâle — est fondamentale pour rendre compte de l'économie sexuelle infantile des deux sexes.* De façon conséquente, Freud soutiendra donc que *la libido est toujours masculine,* qu'elle se manifeste chez l'homme ou la femme, que l'objet désiré soit femme ou homme. Cette conception relative et au primat du pénis et au caractère forcément mâle de la libido commande, on le verra, la problématique de la castration telle que la développe Freud. Avant d'y venir, il faut s'arrêter sur quelques implications de ce « commencement » du devenir femme.

Conséquences pour la génitalité infantile de la fille.

La fillette, dit Freud, n'est pas en retrait sur le petit garçon quant à l'énergie de ses pulsions partielles. Et, par exemple, « ses impulsions agressives ne sont ni moins vives ni moins nombreuses »[1]; de même a-t-on pu observer « l'incroyable activité phallique de la fillette »[1]. Or, pour qu'advienne la « féminité », un refoulement beaucoup plus grand desdites pulsions sera exigé de la petite fille et, notamment, la transformation de son « activité » sexuelle en son contraire : la « passivité ». Ainsi les pulsions partielles notamment sadiques-anales et aussi scoptophiliques, les plus insistantes, vont-elles finalement se répartir en harmonieuse complémentarité : la tendance à s'approprier trouvera son complément dans le désir d'être possédée, le plaisir de faire souffrir dans le masochisme féminin, le désir de voir dans les « masques » et la pudeur qui évoquent l'envie de s'exhiber, etc. La différence des sexes retraversa, ultérieurement, la petite enfance en répartissant les fonctions et rôles sexuels : « le masculin rassemblera le sujet, l'activité et la possession du pénis, le féminin perpétuera l'objet, la passivité et... l'organe génital châtré »[3]. Mais ce départage, après coup, des pulsions partielles n'est pas inscrit dans l'activité sexuelle de la petite enfance, et Freud rendra peu compte des effets de la répression pour/par la femme de cette énergie sexuelle infantile. Il soulignera cependant que la féminité se caractérise, et doit se caractériser, par un *refoulement plus précoce et plus inflexible des pulsions sexuelles* et un plus fort penchant à la passivité.

C'est, au fond, en petit homme que la fillette aime sa mère. Le rapport spécifique de la fille-femme à la mère-femme est peu envisagé par Freud. Et ce n'est que tardivement qu'il reviendra sur le préœdipe de la petite fille comme à un champ d'investigations trop peu analysé. Mais longtemps, et même alors, il *considère le désir de la fillette pour sa mère comme un désir « viril », « phallique »*. D'où le renoncement, nécessaire, à ce lien à la mère, et, d'ailleurs, la « haine » de sa mère, quand la fille découvrira qu'au regard de l'organe sexuel valeureux elle est châtrée. Et qu'il en va ainsi pour toute femme, sa mère y compris.

PATHOLOGIE DES PULSIONS PARTIELLES

L'analyse des pulsions partielles s'élabore, pour Freud, à partir des désirs de transgressions anatomiques dont il constate le refoulement traumatisant dans la névrose, et la réalisation dans les cas de perversion. Les muqueuses orales et anales sont alors surinvesties par rapport aux zones génitales. De même que l'emportent les fantasmes et comportements sexuels du type sado-masochiste, voyeuriste, exhibitionniste. Si Freud infère la sexualité infantile des névrosés et des pervers à partir de leur symptomatologie, il nous signifie en même temps que ces symptômes sont l'effet soit d'une disposition congénitale (on retrouve là l'ancrage anatomique de sa théorie), soit d'un arrêt dans l'évolution sexuelle. Donc la sexualité de la femme pourrait être perturbée soit par « erreur » anatomique (des « ovaires hermaphrodites » déterminant une homosexualité, par exemple [4]), soit par un suspens à un temps de son devenir femme : ainsi, la prévalence des muqueuses orales que l'on retrouve, aussi, dans l'homosexualité. Quant aux pulsions scoptophiliques et sado-masochistes, elles paraissent si prégnantes que Freud ne les exclura pas de l'économie génitale, qu'il les y reprendra en les différenciant sexuellement — rappelons l'opposition voir/être vu(e), faire souffrir/souffrir. Ce qui ne veut pas dire qu'un rapport sexuel qui s'y résoudrait ne serait pas, à ses yeux, pathologique. La pathologie sexuelle féminine aurait donc à s'interpréter, en termes de préœdipe, comme *fixation à l'investissement de la muqueuse orale,* mais encore *à l'exhibitionnisme* et *au masochisme.* Bien sûr, d'autres événements pourront déterminer une « régression », qualifiée de morbide, aux stades prégénitaux, selon des modalités diverses. Pour les envisager, il faut reprendre l'histoire du « devenir une femme normale », selon Freud et, de façon plus spécifique, le rapport de la fillette au complexe de castration.

SPÉCIFICITÉ DU COMPLEXE DE CASTRATION FÉMININ

Si le complexe de castration marque pour le garçon le déclin du complexe d'Œdipe, il en va autrement, et quasiment à l'inverse, pour la fille. Qu'est-ce à dire ? Le complexe de castration du garçon naît à l'époque où celui-ci constate que le pénis, ou membre viril si précieux pour lui, ne fait pas nécessairement partie du corps, que certaines personnes — sa sœur, ses petites camarades de jeu... — n'en ont pas. La vue, fortuite, des organes génitaux de celles-ci fournit l'occasion d'une telle découverte. Si la première réaction du garçon est de nier ce qu'il a vu, de prêter malgré tout un pénis à sa sœur, à toute femme, et surtout à sa mère, de vouloir voir, de croire voir quoi qu'il en soit le membre viril chez tout le monde, il n'empêche que l'angoisse de castration est née pour lui. Car, si certaines personnes n'ont pas de pénis, c'est qu'on le leur a coupé : le pénis était là au commencement, et puis il a été enlevé. Pourquoi? Ce ne peut être que pour punir l'enfant de quelque faute. Ce méfait qui mérite qu'on ampute l'enfant de son sexe doit être la masturbation au sujet de laquelle il a reçu, déjà, maints avertissements et menaces. Il ne faut pas oublier que celle-ci est déterminée par un besoin de décharge des affects liés aux parents, et de façon plus particulière à la mère que le petit garçon voudrait posséder comme le père. Disons : à la place du père. La peur de perdre son pénis, organe narcissiquement très investi, est donc ce qui amène le garçon à abandonner sa position œdipienne : désir de posséder la mère et d'évincer son rival, le père. S'en suivra la formation du surmoi, héritage du complexe d'Œdipe, et gardien des valeurs sociales, morales, culturelles, religieuses. Freud insiste sur le fait que « *l'on ne peut apprécier à sa juste valeur la signification du complexe de castration qu'à la condition de faire entrer en ligne de compte sa survenue à la phase du primat du phallus* »[3], lequel assure, on l'a vu, le regroupement et la hiérarchisation des pulsions partielles dans la génitalité infantile. Un seul sexe, le pénis, étant alors reconnu valeureux par les garçons comme par les filles.

Dès lors, on peut imaginer ce que doit être le complexe de castration pour *la fillette*. Celle-ci *croyait avoir, dans le clitoris, un organe phallique appréciable*. Et, à l'instar de son frère, elle en tirait par la masturbation de voluptueuses sensations. Mais la vue du pénis — de même et à l'inverse de ce qui se produit pour le petit garçon quand il découvre les organes génitaux de sa sœur — lui démontre combien son clitoris est incapable de soutenir la comparaison avec l'organe sexuel du garçon. Elle comprend alors le préjudice — anatomique — qui est son lot, et se doit d'accepter la castration, non comme la menace d'une perte, la peur d'un accomplissement, mais comme un fait déjà accompli : une amputation réalisée. *Elle reconnaît, ou devrait reconnaître,* que comparativement au garçon elle n'a pas de sexe, ou du moins *que ce qu'elle croyait un sexe valeureux n'est qu'un pénis tronqué.*

L'ENVIE DU PÉNIS ET L'ENTRÉE DANS LE COMPLEXE D'ŒDIPE

A cette castration effective, qui représente une irréductible blessure narcissique, la fillette ne se résigne pas facilement. D'où l'*« envie du pénis »* qui va déterminer, pour la plus grande part, son évolution ultérieure. En effet, la fillette espère, même très tardivement, se trouver un jour pourvue d'un « vrai » pénis, que son tout petit sexe va encore se développer et pourra, peut-être, un jour, soutenir la comparaison avec celui de son frère, de ses camarades de jeu. En attendant la confirmation de telles espérances, *elle va tourner ses désirs vers son père, souhaitant obtenir de lui ce qu'elle n'a pas :* le très précieux organe mâle. *Cette « envie du pénis » l'amène à se détourner de sa mère,* à laquelle elle reproche de l'avoir aussi mal dotée au point de vue sexuel, et dont elle comprend peu à peu qu'elle partage son sort, qu'elle est, comme elle, châtrée. Doublement abusée par sa mère, son premier « objet » sexuel, elle l'abandonne *pour entrer dans le complexe d'Œdipe,* ou désir pour son père. Ainsi le complexe d'Œdipe de la fille suit-il, à l'inverse de la séquence observée pour le petit garçon, le complexe de castration.

Mais, *pour la fillette, ce complexe d'Œdipe pourra subsister très longtemps.* En effet, elle n'a pas à craindre d'y perdre un sexe qu'elle n'a pas. Et ce ne seront que les frustrations réitérées de la part du père qui l'amèneront, bien tardivement et de façon souvent incomplète, à détourner de lui son désir. On peut en inférer que *la formation du surmoi sera,* dans de telles conditions, *compromise,* ce qui laissera la fillette, la femme, dans un état de dépendance infantile vis-à-vis du père, de l'homme-père — faisant fonction de surmoi —, et ce qui la rendra inapte à la participation aux intérêts sociaux et culturels les plus appréciables. Peu autonome, la fillette sera encore peu douée pour les investissements « objectifs » en jeu dans la cité, ses comportements étant motivés soit par la jalousie, la rancœur, l'« envie du pénis », soit par la peur de perdre l'amour de ses parents ou de leurs substituts.

Mais, en transférant sur son père l'attachement qu'elle avait pour sa mère, en réalisant ce changement d'« objet » sexuel qu'exige d'elle sa condition féminine, la fillette n'a pas achevé son périple. Et, comme y insiste Freud, « devenir une femme normale » exige des transformations beaucoup plus complexes et pénibles que celles requises dans le développement, plus linéaire, de la sexualité masculine[1]. En effet, si « l'envie du pénis » détermine la fillette à désirer son père, en tant qu'il le lui donnera peut-être, il faut encore que cette « envie » un peu trop « active » fasse place à la réceptivité « passive » que l'on attend de la sexualité, et du sexe, de la femme. Que la zone érogène clitoridienne « pénienne » cède de son importance au vagin qui prendra « valeur comme logis du pénis, recueillant l'héritage du sein maternel[3] ». *La fillette doit changer non seulement d'objet sexuel mais encore de zone érogène.* Ce qui nécessite une *« poussée de passivité »* absolument indispensable à l'instauration de la féminité.

LE DÉSIR D'« AVOIR » UN ENFANT

Ce n'est pas tout. La « fonction sexuelle », pour Freud, est avant tout la fonction reproductrice. C'est en tant que telle qu'elle rassemblera et soumettra toutes les pulsions au primat de la procréation. Il faut donc que la femme soit amenée à privilégier ladite « fonction sexuelle », que ce qui parachève son évolution libidinale soit le désir d'enfanter. C'est dans l'« envie du pénis » que l'on trouvera, une fois de plus, le mobile de cette progression.

L'envie d'obtenir du père le pénis sera relayée par celle d'en avoir un enfant, celui-ci devenant, suivant une équivalence que Freud analyse, *le substitut du pénis.* Il faut ajouter que le bonheur de la femme ne sera complet que si le nouveau-né est un petit garçon, porteur du pénis tant convoité. Ainsi sera-t-elle dédommagée dans l'enfant qu'elle met au monde de l'humiliation narcissique inévitablement associée à la condition féminine. Bien sûr, ce n'est pas de son père que la petite fille aura, réellement, un enfant. Il faudra qu'elle attende pour que ce désir infantile puisse un jour se réaliser. Et c'est dans ce refus que le père oppose à toutes ses envies que se fondera le motif du transfert de ses pulsions sur un autre homme, éventuellement substitut paternel.

Devenue *mère d'un fils,* la femme pourra « reporter sur son fils tout l'orgueil qu'il ne lui a pas été permis d'avoir elle-même », et, le manque de pénis n'ayant rien perdu de sa puissance de motivation, « seuls les rapports de mère à fils sont capables de donner à la mère une plénitude de satisfaction car, de toutes les relations humaines, ce sont les plus parfaites et les plus dénuées d'ambivalence »[1]. *Ce modèle, parfait, d'amour humain pourra dès lors se reporter sur le mari,* « le bonheur conjugal restant mal assuré tant que la femme n'a pas réussi à faire de son époux son enfant »[1]. Le parcours difficile que la fillette, la femme, doivent assurer pour réaliser leur « féminité » trouve donc son terme dans la mise au monde d'un fils, dans le maternage du fils. Et, de façon conséquente, du mari.

FORMATIONS PATHOLOGIQUES POST-ŒDIPIENNES

Sans doute cette évolution est-elle susceptible d'*arrêts,* de *stases,* à certains temps de son développement, ou même de *régressions.* On assiste alors aux formations pathologiques spécifiques de la sexualité féminine.

Le complexe de virilité et l'homosexualité.

Ainsi la découverte de la castration peut-elle aboutir, chez la femme, à l'élaboration d'« un puissant complexe de virilité ». « Dans ce cas, la fillette refuse d'accepter la dure réalité, exagère opiniâtrement son attitude virile, persiste dans son activité clitoridienne et cherche son salut dans une identification avec la mère phallique ou avec le père. »[1] *La conséquence extrême de ce complexe de virilité se repère dans l'économie sexuelle et le choix objectal de l'homosexuelle,* laquelle, ayant le plus souvent pris son père pour « objet », conformément au complexe d'Œdipe féminin, régresse ensuite à la virilité infantile du fait des déceptions, inévitables, qu'elle a subies de la part de celui-ci. Son objet de désir est, dès lors, choisi selon le mode masculin et elle prend « nettement le type masculin dans son comportement vis-à-vis de l'objet aimé ». « Non seulement elle choisit un objet du sexe féminin, mais encore elle adopte, vis-à-vis de cet objet, une attitude virile. » Elle devient, en quelque sorte, « homme et, à la place de son père, prend sa mère comme objet d'amour »[4]. Sans aller à ces extrémités, l'alternance répétée d'époques où prédominent tantôt la virilité, tantôt la féminité, explique peut-être l'énigme que représente pour l'homme la femme, énigme qui trouverait son interprétation dans *l'importance de la bisexualité* dans la vie de la femme.

D'ailleurs, la protestation virile de la femme ne se résoudrait jamais entièrement, selon Freud, et l' « envie du pénis », essayant de pallier son infériorité sexuelle, *rendrait compte de bien des particularités d'une féminité par ailleurs « normale »*. Ainsi : « un choix objectal davantage déterminé par le narcissisme » que chez l'homme, « la vanité corporelle », « le manque de sens de la justice », et même la pudeur dont la fonction serait avant tout de « masquer la défectuosité des organes génitaux ». Quant à la « faculté plus faible qu'a la femme de sublimer ses instincts », et à son manque, corrélatif, de participation aux intérêts sociaux et culturels, on a vu qu'ils provenaient de la spécificité du rapport de la femme au complexe d'Œdipe et de ce qui en résulte pour la formation, chez elle, du surmoi. Ces caractéristiques de la féminité, peu réjouissantes il est vrai, ne sont pas pour autant pathologiques. Elles appartiendraient, selon Freud, à l'évolution « normale » de la féminité[1].

La frigidité.

Plus inquiétante serait la constatation de la *fréquence de la frigidité sexuelle* chez la femme. Mais, s'il avoue qu'il s'agit là d'un phénomène encore mal expliqué, Freud semble vouloir y trouver une confirmation du désavantage sexuel naturel qui serait celui de la femme. En effet, « il semble que la libido subisse une répression plus grande quand elle est contrainte de se mettre au service de la fonction féminine et que... la nature tienne moins compte de ses exigences que dans le cas de la virilité. La cause en peut être recherchée dans le fait que la réalisation de l'objectif biologique, l'agression, se trouve confiée à l'homme et demeure, jusqu'à un certain point, indépendante du consentement de la femme »[1]. Que la frigidité puisse être l'effet d'une telle conception — violente, violeuse — des rapports sexuels n'apparaît pas dans

43

les analyses de Freud, qui met la frigidité au compte soit de l'infériorité sexuelle de toute femme, soit de « quelque facteur constitutionnel, voire anatomique », perturbant la sexualité de telle ou telle femme, à moins qu'il ne reconnaisse l'ignorance où il se trouve de ce qui peut la déterminer.

Le masochisme.

Quant au *masochisme,* doit-il être considéré comme facteur d'une féminité « normale »? Ce que certains énoncés de Freud paraissent accréditer. Ainsi : « les règles sociales et sa constitution propre contraignent la femme à refouler ses instincts agressifs, d'où formation de tendances fortement masochistes qui réussissent à érotiser les tendances destructrices dirigées vers le dedans. Le masochisme est donc bien, ainsi qu'on l'a dit, spécifiquement féminin [1] ». Ou bien le masochisme constitue-t-il une déviation sexuelle, un processus morbide, particulièrement fréquent chez les femmes? Sans doute, la réponse de Freud serait-elle que, si le masochisme est une composante de la féminité « normale », celle-ci ne peut simplement s'y réduire. L'analyse du fantasme « On bat un enfant » [5] donne à la fois une description assez complète de l'organisation génitale de la femme et indique comment le masochisme y est impliqué : le désir incestueux de la fille pour son père, son envie d'en avoir un enfant, et le souhait corrélatif de voir battre le frère rival et détesté autant parce qu'il serait l'enfant que la fille n'a pas eu avec son père que parce qu'il est doté du pénis, tous ces désirs, envies, souhaits, de la fillette sont soumis au refoulement par interdit aussi bien sur les relations incestueuses que sur les pulsions sadiques, et plus généralement « actives ». Il en résulte la transformation de l'envie que le frère soit battu dans le fantasme d'être elle-même battue par son père, fantasme où la petite fille trouverait à la fois une satisfaction régressive masochiste à ses désirs incestueux et la punition de ceux-ci. L'interprétation de ce fantasme pourrait être aussi bien : mon père me bat sous les traits du garçon que je voudrais être, et encore : on me bat parce que je suis fille, c'est-à-dire inférieure du point de vue sexuel; ce qui peut se traduire : ce qui est battu en moi c'est le clitoris, cet organe mâle très petit, trop petit; ce petit garçon qui refuse de grandir.

L'hystérie.

Si l'hystérie inaugure la scène et d'ailleurs le discours analytique — il faut se reporter, à ce propos, aux *Études sur l'hystérie* de S. Freud et J. Breuer —, si les premières patientes de Freud sont des hystériques, l'analyse exhaustive des symptômes en jeu dans l'hystérie et leur mise en rapport avec le développement de la sexualité de la femme déborderaient le cadre de ce résumé des positions freudiennes, outre qu'un regroupement systématique des différents moments d'interrogation sur l'hystérie n'est pas réalisé dans l'œuvre de Freud. Rappelons simplement que, pour celui-ci, l'hystérie ne constitue pas une pathologie exclusivement féminine. Par ailleurs, on trouve définies, à propos de « L'analyse du cas Dora »[6], les modalités et positive et inversée du complexe d'Œdipe féminin; soit : désir du père et haine de la mère d'une part, désir de la mère et haine du père de l'autre. Cette *inversion du complexe d'Œdipe* pourrait se repérer dans la symptomatologie hystérique.

Revenant, tardivement, sur le préœdipe de la fille, Freud affirmera qu'en tout cas « il y a une relation particulièrement étroite entre la phase du lien à la mère et l'étiologie de l'hystérie[7] ». Même si l'hystérie exhibe avant tout des fantasmes œdipiens — d'ailleurs souvent présentés comme traumatisants —, *il faut retourner au stade préœdipien* pour comprendre quelque peu ce qui se masque derrière cette surenchère œdipienne.

Le retour, par Freud, sur la question du préœdipe de la fille — auquel il a été invité, et dans lequel il a été assisté, par les travaux de femmes psychanalystes (Ruth Mack Brunswick, Jeanne Lampl de Groot, Hélène Deutsch) qui, mieux que lui, pouvaient figurer comme substituts maternels dans la situation transférentielle — l'a amené à considérer avec plus d'attention ce moment de fixation de la fillette à sa mère [7, 1]. Il affirmera, finalement, que *l'importance de cette phase préœdipienne serait plus grande chez la fille* que chez le garçon. Mais, de cette phase première de l'organisation libidinale féminine, il retiendra surtout des *aspects* que l'on pourrait qualifier de négatifs, en tout cas de *problématiques.* Ainsi les *nombreux griefs que la fillette entretient vis-à-vis de sa mère :* sevrage trop hâtif, insatisfaction d'un besoin illimité d'amour, obligation de partager l'amour maternel avec ses frères et sœurs, interdit de la masturbation venant après l'excitation des zones érogènes par la mère, et surtout le fait d'être née fille, c'est-à-dire dépourvue de l'organe sexuel phallique. En résulterait une ambivalence considérable dans l'attachement de la fille à sa mère, ambivalence dont la levée de refoulement perturberait la relation conjugale de conflits quasiment insolubles. *La tendance de la femme à l'activité* serait aussi à comprendre, pour une bonne part, comme une tentative de la fillette de se déprendre du besoin de sa mère en faisant comme elle. Outre que la petite fille aurait désiré, en tant que phallique, séduire sa mère et lui faire un enfant. Des tendances trop « actives » dans l'organisation libidinale de la femme sont donc, souvent, à interroger comme résurgences, refoulement insuffisant, du rapport à la mère, et les « pulsions à but passif » se développeraient au prorata de l'abandon par la fille de sa relation à la mère. Il ne faut pas négliger non plus le fait que l'ambivalence de la fillette vis-à-vis de sa mère entraîne des *pulsions agressives et sadiques,* pulsions dont le refoulement insuffisant, ou le retournement en leur contraire, pourront constituer le germe *d'une paranoïa* ultérieure à interroger tout à la fois comme provenant des inévitables frustrations imposées par la mère à sa fille — lors du sevrage, de la découverte du « châtrage » de la femme, par exemple — et des réactions agressives de la fillette. D'où la crainte d'être tuée par la mère, la méfiance et le contrôle permanent des menaces venant de celle-ci ou de ses substituts.

LE « CONTINENT NOIR » DE LA PSYCHANALYSE

Quelles que soient les acquisitions ainsi réalisées, Freud qualifiera encore alors la sexualité féminine de « continent noir » de la psychanalyse. Il dira en être resté à la « préhistoire de la femme »[1], avouant, par ailleurs, que la période du préœdipe elle-même « surprend comme, dans un autre domaine, la découverte de la civilisation minéo-mycénienne derrière celle des Grecs »[7]. Quoi qu'il ait dit, écrit, sur le développement sexuel de la femme, celui-ci lui reste très énigmatique, et il ne prétend en rien avoir épuisé la question. Il invite, dans l'abord de celle-ci, à la prudence notamment en ce qui concerne les déterminations sociales qui masquent partiellement ce qu'il en serait de la sexualité féminine. Celles-ci, en effet, mettent souvent la femme dans des situations passives, la contraignant à refouler ses instincts agressifs, la contrariant dans le choix de ses objets de désir, etc. Les préjugés risquent de gêner, en ce qui concerne ce champ d'investigation, l'objectivité des recherches, et – voulant faire preuve d'impartialité dans des débats aussi sujets à controverses – Freud reviendra sur l'affirmation que la libido est forcément mâle pour soutenir qu'il n'y a effectivement qu'une seule libido mais que celle-ci peut se mettre au service de « buts passifs » dans le cas de la féminité[7]. Ce qui ne constituait en rien une question sur le fait que cette libido doive être plus réprimée dans l'économie sexuelle de la femme. D'où s'expliquerait l'insistance, la permanence, de l' « envie du pénis », y compris quand la féminité est la mieux établie.

Ces conseils de prudence, ces aménagements d'énoncés antérieurs, n'empêcheront pas Freud de négliger l'analyse des déterminations socio-économiques et culturelles qui règlent, elles aussi, l'évolution sexuelle de la femme; et encore, ou encore, de réagir négativement aux recherches des analystes s'insurgeant contre l'optique exclusivement masculine qui commande sa théorie et celle de certain(e)s de ses disciples quant au « devenir femme ». Aussi, s'il donna son accord aux travaux de Jeanne Lampl de Groot, Ruth Mack Brunswick, Hélène Deutsch, et même, à quelques réserves près, de Karl Abraham, et si même il en inscrivit les résultats dans ses derniers écrits sur ce problème, il resta toujours défavorable aux tentatives de Karen Horney, Mélanie Klein, Ernest Jones, d'élaborer des hypothèses sur la sexualité de la femme un peu moins prescrites par des paramètres masculins, un peu moins dominées par l' « envie du pénis »[7,1]. Sans doute, y voyait-il, outre le désagrément de se voir critiqué par ses élèves, le risque que soit mis en cause le complexe de castration féminin tel qu'il l'avait défini.

L'OPPOSITION D'ANALYSTES FEMMES A L'OPTIQUE FREUDIENNE

KAREN HORNEY

C'est une femme, Karen Horney, qui la première refusa de souscrire au point de vue freudien sur la sexualité de la femme, et qui soutint que la séquence complexe de castration-complexe d'Œdipe, telle que Freud l'avait mise en place pour expliquer l'évolution sexuelle de la fillette, devait être « renversée ». L'interprétation du rapport de la femme à son sexe s'en trouve grandement modifiée.

Le « déni » du vagin.

En effet, ce n'est plus l'« envie du pénis » qui détourne la fille de sa mère, qui ne l'a pas, et la conduit à son père, qui pourrait le lui donner, mais *c'est parce que la fillette est frustrée dans son désir spécifiquement féminin de relations incestueuses avec le père qu'elle en arrive, secondairement, à « envier » le pénis* comme substitut de celui-ci. Le désir de la fillette, de la femme, n'est donc plus d'être un homme et d'avoir le pénis pour être (comme) un homme. Si elle en vient à l'« envie », postœdipienne, de s'approprier le pénis, c'est pour compenser sa déception d'en avoir été, objectalement, privée. Et aussi, ou aussi, pour se défendre et contre la culpabilité afférente à des désirs incestueux et contre une éventuelle pénétration sadique du père, qu'elle craint tout autant qu'elle la souhaite[8]. Ce qui suppose que *le vagin est alors déjà découvert* par la fillette, contrairement aux affirmations de Freud qui prétend que le vagin reste longtemps ignoré par les deux sexes.

Or, ce ne serait pas en termes d'ignorance qu'il conviendrait de parler du rapport de la fillette à son vagin, mais plutôt en termes de « dénégation ». Ce qui expliquerait qu'elle puisse apparaître comme ignorant, consciemment, ce qu'elle sait. Cette « dénégation » du vagin par la petite fille se justifierait par le fait que la connaissance de cette partie de son sexe ne se trouve pas, à cette époque, ratifiée et qu'elle est, aussi, redoutée. La comparaison du pénis d'un homme adulte avec l'exiguïté du vagin enfantin, la vue du sang des menstrues, ou encore d'éventuelles douloureuses déchirures de l'hymen lors d'explorations manuelles ont pu, en effet, amener la fillette à craindre d'avoir un vagin, et à nier ce qu'elle sait, déjà, quant à son existence [9].

La névrose culturelle de la femme.

Par la suite, Karen Horney se démarquera plus encore des thèses freudiennes, en ce sens qu'*elle fera appel* presque exclusivement *aux déterminations socio-culturelles pour rendre compte des caractères spécifiques de la sexualité dite féminine*. L'influence des sociologues et anthropologues américains tels que Kardiner, Margared Mead, Ruth Benedict, ont entraîné, chez elle, un éloignement de plus en plus accentué des vues psychanalytiques classiques auxquelles se substituent, ou s'adjoignent en les critiquant, l'analyse des facteurs sociaux et culturels tant dans l'élaboration d'une sexualité « normale » que dans l'étiologie d'une névrose. Dans cette perspective, l' « envie du pénis » n'est plus prescrite, ni inscrite, par/dans quelque « nature » féminine, corrélative de quelque « défectuosité anatomique », etc. Mais il faut plutôt l'interpréter comme *symptôme défensif, protégeant la femme de la condition politique, économique, sociale, culturelle qui est la sienne* en même temps qu'il l'empêcherait de contribuer efficacement à la transformation du sort qui lui est imparti. L'« envie du pénis » traduirait le dépit de la femme, sa jalousie, de n'avoir pas droit aux avantages, notamment sexuels, réservés aux seuls hommes : « autonomie », « liberté », « force », etc., mais encore de n'avoir que bien peu part aux responsabilités politiques, sociales, culturelles, d'où elle est depuis des siècles exclue. *Sa seule position de retrait étant dès lors l'« amour »*, de ce fait élevé par elle au rang de valeur unique et absolue.

L' « envie » serait donc l'indice d'une « infériorité » que la femme partagerait, effectivement, avec les autres opprimés de la culture occidentale – ainsi, les enfants, les fous, etc. Et l'acceptation, par elle, d'un « destin » biologique, d'une « injustice » qui lui serait faite quant à la constitution de ses organes sexuels, serait le refus de prendre en considération les facteurs qui, réellement, expliquent cette prétendue « infériorité ». Autrement dit, la névrose de la femme selon Karen Horney ne serait que bien peu différente d'une composante indispensable au « devenir une femme normale », selon Freud : se résigner au rôle, entre autres sexuel, que la civilisation occidentale lui assigne [10].

MÉLANIE KLEIN

Deuxième femme objectant aux théories freudiennes sur la sexualité féminine : Mélanie Klein. Comme Karen Horney, on la verra inverser, « renverser » certaines suites d'événements consécutifs établies par Freud. Et, comme elle encore, elle défendra que l'« envie du pénis » est une formation réactionnelle, secondaire, palliant la difficulté pour la fillette, la femme, de soutenir son désir. Mais c'est *par le biais de l'exploration, de la reconstruction, du monde des fantasmes de la petite enfance* que Mélanie Klein va mettre en cause la systématique freudienne.

Les formes précoces du complexe d'Œdipe.

Les divergences d'avec Freud s'annoncent, si l'on peut dire, tout de suite; dès le « commencement ». Car Mélanie Klein refuse d'assimiler la masturbation clitoridienne à une activité masculine. Le clitoris est un organe génital féminin; il est donc abusif de n'y voir qu'un « petit » pénis et de vouloir que la fille trouve plaisir à le caresser à ce seul titre. D'ailleurs, *l'érotisation privilégiée du clitoris est déjà un processus défensif contre l'érotisation vaginale, plus dangereuse,* plus problématique, à ce stade du développement sexuel. Les excitations vaginales sont les plus précoces, mais les fantasmes d'incorporation du pénis du père et de destruction de la mère-rivale qui les accompagnent provoquent, chez la fillette, l'angoisse de mesures de rétorsion de la part de la mère, qui risquerait, pour se venger, de la dépouiller de ses organes sexuels internes. Aucune vérification, aucune épreuve de la « réalité », ne permettant de vérifier l'intégrité desdits organes, et donc de se déprendre de l'angoisse résultant de tels fantasmes, la fillette est amenée à renoncer, provisoirement, à l'érotisation vaginale [11].

Quoi qu'il en soit, la petite fille n'a pas attendu le « complexe de castration » pour se tourner vers son père. *Le « complexe d'Œdipe » serait à l'œuvre,* pour elle, *dans l'économie des pulsions prégénitales,* et notamment des pulsions orales [12]. Ainsi, non seulement le sevrage du « bon sein » entraîne-t-il l'hostilité de la petite fille vis-à-vis de sa mère – hostilité qui sera, en un premier temps, projetée sur celle-ci la faisant redouter comme une « mauvaise mère » – mais encore ce rapport conflictuel à la mère sera-t-il aggravé par le fait qu'elle représente l'interdit à la satisfaction orale des désirs œdipiens, celle qui s'oppose à l'incorporation du pénis paternel. Introjecter le pénis du père, telle serait, selon Mélanie Klein, la première forme du désir du pénis chez la fille. Il ne s'agirait donc pas d'« envie du pénis » au sens freudien du terme, de tendance à s'approprier l'attribut de la puissance virile pour être (comme) un homme, mais de l'expression, dès la phase orale, de désirs féminins d'intromission du pénis. L'œdipe de la fille n'est donc pas la contre-partie à un « complexe de castration » qui la pousserait à espérer de son père le sexe qu'elle n'a pas, mais il serait agissant dès les premiers appétits sexuels de la fille [13]. Cette précocité œdipienne de la fillette serait accentuée du fait que les pulsions génitales chez la femme privilégient la réceptivité, telles les pulsion orales.

Identifications masculines défensives.

Sans doute, cette précocité œdipienne ne serait pas sans risques. Le pénis du père est susceptible de combler les désirs de la fillette, mais il peut aussi bien, et en même temps, détruire. Il est « bon » et « mauvais », vivifiant et mortifère, lui-même pris dans l'implacable ambivalence amour/haine,

51

dans la dualité des pulsions de vie et de mort. Par ailleurs, le premier attrait pour le pénis du père vise ce dernier en tant qu'il est déjà introjecté par la mère. Il s'agit donc pour la fillette de s'emparer du pénis paternel, et éventuellement des enfants, contenus dans le corps de la mère : ce qui ne va pas sans agression vis-à-vis de celle-ci, qui risque de riposter en détruisant l'« intérieur » du corps de sa fille et les « bons objets » déjà incorporés. *L'angoisse de la petite fille concernant et le pénis du père et la vengeance de la mère l'oblige le plus souvent à abandonner cette première structuration, féminine, de sa libido et à s'identifier, par mesure défensive, au pénis du père ou au père lui-même.* Elle adopte alors une position « masculine » en réaction à la frustration, et aux dangers, de ses désirs œdipiens. Cette *masculinité* est donc bien *secondaire* et a pour fonction de masquer, voire d'assurer le refoulement, des fantasmes incestueux : envie de prendre la place de la mère auprès du père et d'en avoir un enfant [14].

UNE TENTATIVE DE CONCILIATION : ERNEST JONES

Contrairement à Freud, Ernest Jones accueillera avec grand intérêt les modifications que certaines femmes, telles Karen Horney et Mélanie Klein, apportent aux premières théorisations psychanalytiques concernant la sexualité féminine. La raison en est, sans doute, une *interrogation beaucoup plus poussée, chez lui, sur les désirs « féminins » de l'homme et sur l'angoisse de castration accompagnant, pour le garçon, l'identification au sexe de la femme notamment dans la relation au père.* Un peu plus au fait de l'envie et de la crainte d'une telle identification, Ernest Jones a pu s'aventurer davantage dans l'exploration du « continent noir » de la féminité, et entendre de façon moins réticente ce qu'essayaient d'articuler certaines femmes quant à leur économie sexuelle. Il est vrai aussi qu'il avait moins à défendre que Freud les fondations d'un nouvel édifice théorique. Toujours est-il que, sans acquiescer à certaines positions — celles soutenues par Karen Horney dans la deuxième partie de son œuvre –, refusant de marquer vis-à-vis de Freud les ruptures réalisées par certain(e)s de ses élèves, il tente de concilier le point de vue freudien et les nouveaux apports de psychanalystes touchant le développement sexuel de la femme, apports auxquels il ajoute sa contribution.

CASTRATION ET APHANISIS

Se posant donc quelque peu en arbitre du débat et cherchant à trouver les accords possibles entre positions divergentes, il maintient la conception freudienne du complexe d'Œdipe féminin mais démontre que les découvertes des analystes d'enfants sur le pré-œdipe de la fillette invitent à remanier la formulation du rapport de celle-ci au complexe d'Œdipe. Et d'abord, *il différencie la castration* – ou menace de perdre la capacité de jouissance sexuelle génitale – *de l'aphanisis, qui représenterait la disparition totale et permanente de toute jouissance sexuelle.* Si l'on pense en ces termes, on comprendra que c'est la crainte de l' « aphanisis », par suite de la frustration radicale de ses désirs œdipiens, qui pousse la fillette à renoncer à sa féminité pour s'identifier au sexe qui se dérobe à son plaisir [15]. Elle pare ainsi, imaginairement, à l'angoisse d'être à jamais privée de toute jouissance. Cette solution a encore l'avantage d'apaiser la culpabilité liée aux désirs incestueux. Si cette option est menée à son terme, elle aboutit à l'homosexualité, mais on la retrouve sous une forme atténuée dans le développement normal de la féminité. Elle y représente une réaction secondaire et défensive contre l'angoisse de l'aphanisis qui suit la non-réponse de son père à ses désirs.

LES DIVERSES INTERPRÉTATIONS DE L' « ENVIE DU PÉNIS »

La fillette était donc « femme » avant d'en passer par cette masculinité réactionnelle. Et, de cette féminité précoce, on trouve des indices dans les stades dits « prégénitaux » [16]. *L'envie du pénis est d'abord l'envie de s'incorporer le pénis,* soit un désir allo-érotique déjà repérable au stade oral. La zone d'attraction, centripète, du pénis se déplace par la suite grâce au fonctionnement de l'*équivalence bouche, anus, vagin*. La prise en considération de ce désir précoce pour le sexe du père amène Jones à différencier la notion d' « envie du pénis ». Il peut s'agir, selon lui, du désir de la fillette d'incorporer, d'introjecter, le pénis pour le garder « à l'intérieur » du corps et le transformer en enfant; ou encore du *désir de jouir du pénis lors d'un coït :* oral, anal, génital; et, enfin, de l'*envie de posséder un sexe mâle aux lieu et place du clitoris*.

Cette dernière interprétation serait celle privilégiée par Freud, qui met ainsi l'accent sur les désirs de masculinité de la fillette, de la femme, déniant la spécificité de son économie libidinale et de son sexe. Or, l'envie de posséder un pénis dans la région clitoridienne correspondrait, avant tout, à des désirs auto-érotiques : le pénis étant plus accessible, plus visible, plus narcissisant, dans les activités masturbatoires. De même serait-il favorisé dans les fantasmes de toute-puissance urétrale, ou dans les pulsions scoptophiliques et exhibitionnistes. On ne peut réduire à ces activités ou fantasmes l'évolution prégénitale de la petite fille, et on peut même soutenir qu'ils ne se développent qu'ultérieurement à ses désirs allo-érotiques pour le pénis du père. Il s'ensuit que, et dans la structuration dite pré-œdipienne et dans la phase postœdipienne, l' *« envie du pénis » chez la fille est secondaire, et souvent défensive, par rapport à un désir spécifiquement féminin de jouir du pénis.* La petite fille n'était donc pas de tout temps un petit garçon, pas plus que le devenir de sa sexualité ne sera sous-tendu par l'envie d'être un homme. Vouloir qu'il en soit ainsi reviendrait à suspendre abusivement l'évolution sexuelle de la fille — et d'ailleurs aussi du garçon — à une phase particulièrement critique de son devenir, la phase que Jones nomme « deutérophallique »[17], où chacun des deux sexes est amené à s'identifier à l'objet de son désir, soit au sexe opposé, pour échapper et à la menace de mutilation de l'organe génital venant du parent du même sexe, le rival dans l'économie œdipienne, et encore à l'angoisse ou l' « aphanisis » résultant du suspens des désirs incestueux.

COMPLÉMENTS A LA THÉORIE FREUDIENNE

On a vu déjà que, contre ces remaniements théoriques, d'autres femmes analystes soutiennent et développent les conceptions premières de Freud, et que celui-ci reprend dans ses derniers écrits leurs contributions à l'étude des premiers stades de l'évolution sexuelle de la femme.

Rappelons que Jeanne Lampl de Groot insiste sur la question de l'*Œdipe négatif de la fille*. Avant d'en venir au désir « positif » pour le père, lequel implique l'instauration de la « passivité » réceptive, la fillette a souhaité posséder la mère et évincer le père, et cela sur le mode « actif » et/ou « phallique ». L'impossibilité de réaliser de tels désirs entraîne la dévalorisation du clitoris, qui ne peut soutenir la comparaison avec le pénis. Le passage de la phase négative (active) à la phase positive (passive) du complexe d'Œdipe s'effectue donc par l'intervention du complexe de castration [18].

Un des traits spécifiques des travaux d'Hélène Deutsch est l'accent porté sur *le masochisme dans la structuration de la sexualité génitale de la femme*. Dans toutes les phases du développement prégénital, le clitoris est investi à l'égal d'un pénis. Le vagin est ignoré, et ne sera découvert qu'à la puberté. Mais, si le clitoris (pénis) peut être assimilé au sein, à la colonne fécale, son infériorité apparaît au stade phallique en tant qu'il est bien moins apte que le pénis à satisfaire les pulsions actives alors en jeu. Qu'advient-il de l'énergie libidinale dont le clitoris, dévalorisé, était investi? Hélène Deutsch soutient que, pour une grande part, elle régresse, et s'organise sur le mode masochiste. Le fantasme « Je veux être castrée » relayerait les désirs phalliques irréalisables. Ce masochisme, évidemment, ne serait pas à confondre avec l'ultérieur masochisme « moral ». Il représenterait une *forme primaire, érogène, et biologiquement déterminée du masochisme constitutif de la sexualité féminine,* dominée par la triade : *castration, viol, accouchement,* à laquelle on adjoindra, secondairement et corrélativement, le caractère masochiste des sublimations effectuées par les femmes, y compris dans leurs comportements maternels, maternants, vis-à-vis de l'enfant [19].

Après avoir rappelé, à la suite de Freud, que le développement sexuel est régi par le jeu de trois oppositions qui se succèdent l'une l'autre sans jamais pour autant se substituer exactement l'une à l'autre — actif/passif, phallique/castré, masculin/féminin —, Ruth Mack Brunswick analyse, principalement, les modalités et transformations du couple activité/passivité dans la phase pré-œdipienne du développement sexuel de la fillette [20].

Pour Marie Bonaparte, la singularité du rapport de la femme à la vie libidinale, sa position « désavantagée », serait déterminée par le fait que les organes sexuels féminins seraient assimilables à des organes mâles inhibés dans leur croissance du fait du développement des « annexes » servant à la maternité [21]. Par ailleurs, selon elle, *trois lois commandent l'évolution sexuelle de la femme :* en ce qui concerne l'*objet du désir,* tous les investissements, passifs et actifs, impliqués dans la relation à la mère seront transférés dans le rapport au père; pour ce qui est du *devenir pulsionnel,* les fantasmes sadiques de la fillette seront transformés en fantasmes masochistes lors du passage de l'œdipe « actif » à l'œdipe « passif »; quant à la *zone érogène privilégiée,* elle se déplacera du clitoris (pénis) au « cloaque », puis au vagin, lors de l'abandon de la masturbation clitoridienne. L'érotisme « cloacal » constituerait, pour Marie Bonaparte, un stade intermédiaire entre l'érotisme anal et l'érotisation beaucoup plus tardive du vagin. Celui-ci ne serait alors qu'une annexe de l'anus, ou plus exactement il n'en serait pas encore différencié, et c'est le trou cloacal dans son entier qui serait la zone érogène prévalente préphallique et postphallique, et ce jusqu'à l'érotisation vaginale postpubertaire [22].

L'ORDRE SYMBOLIQUE : JACQUES LACAN

Quinze, vingt ans après que les controverses autour de la sexualité féminine se sont apaisées, que leur enjeu a été oublié − à nouveau refoulé? −, Jacques Lacan rouvre les débats. Pour souligner, notamment, que les questions ont souvent été mal posées, et encore pour faire le bilan de celles qui, à son avis, restent en suspens. Parmi ces dernières, il évoque les nouvelles acquisitions de la physiologie concernant la distinction des fonctions du « sexe chromosomique » et du « sexe hormonal », ainsi que les recherches sur « le privilège libidinal de l'hormone mâle », ce qui l'amène à réinterroger les modalités de l'intervention de la « coupure » entre l'organique et le subjectif; il rappelle également à l'attention l'ignorance où l'on en est toujours quant à « la nature de l'orgasme vaginal » et au rôle exact du clitoris dans les déplacements d'investissements de zones érogènes et d' « objets » de désir [23].

LE PHALLUS COMME SIGNIFIANT DU DÉSIR

En ce qui concerne la divergence d'opinions entre psychanalystes sur le développement sexuel de la femme, Lacan *reproche aux points de vue s'éloignant de celui de* Freud *de négliger la perspective de mise en place structurale qu'implique le complexe de castration.* Une insuffisante différenciation des registres du réel, de l'imaginaire, du symbolique, et de leurs impacts respectifs dans la privation, la frustration et la castration amène, par exemple, la réduction de la dimension symbolique, véritable enjeu de la castration, à une frustration de type oral [23]. Pour mieux souligner l'articulation symbolique que doit opérer la castration, Lacan spécifie que *ce qui est en cause comme pouvant manquer dans la castration n'est pas tant le pénis* − organe réel − *que le phallus ou signifiant du désir.* Et c'est *dans la mère* que la castration doit être, avant tout, repérée par l'enfant pour qu'il sorte de l'orbe, imaginaire, du désir maternel et qu'il soit renvoyé au père comme à celui qui détient l'emblème phallique pour lequel la mère le désire et le préfère à l'enfant.

Ainsi devient possible le fonctionnement de l'ordre symbolique dont le père se doit d'être le garant. A ce titre, il interdira et à la mère et à l'enfant que leur désir soit comblé, soit que la mère identifie l'enfant au phallus qui lui manque, soit que l'enfant soit assuré d'être le porteur du phallus en satisfaisant, incestueusement, le désir de sa mère. Les privant de l'accomplissement de leur désir, de la « complétude » du plaisir, le père les introduit, ou réintroduit, aux exigences de la symbolisation du désir par le langage, c'est-à-dire à la nécessité de son passage par la demande. *Le hiatus, sans cesse récurrent, entre demande et satisfaction du désir* maintient la fonction du phallus comme *signifiant d'un manque* qui assure et règle l'économie des échanges libidinaux dans leur double dimension de quête d'amour et de satisfaction spécifiquement sexuelle.

ÊTRE OU AVOIR LE PHALLUS

« Mais on peut, à s'en tenir à la fonction du phallus, pointer les structures auxquelles seront soumis les rapports entre les sexes. Disons que ces rapports tourneront autour d'un *être* et d'un *avoir*... Si paradoxale que puisse sembler cette formulation, nous disons que c'est pour *être le phallus,* c'est-à-dire le signifiant du désir de l'Autre, que la femme va rejeter une part essentielle de sa féminité, nommément tous ses attributs dans la mascarade. *C'est pour ce qu'elle n'est pas* — à savoir le phallus — *qu'elle entend être désirée en même temps qu'aimée.* Mais son désir à elle, elle en trouve le signifiant dans le corps de celui — censé l'*avoir* — à qui s'adresse sa demande d'amour. Sans doute ne faut-il pas oublier que de cette fonction signifiante, l'organe qui en est revêtu, prend valeur de fétiche. » * [24]

Cette formulation d'une dialectique des rapports sexués

---

* Souligné par moi. De même ai-je ajouté les énoncés entre tirets. Pour une analyse d'une publication plus récente de J. Lacan sur la sexualité féminine, voir, plus loin, « Cosi fan tutti ».

par la fonction phallique ne contrarie en rien le maintien, par Lacan, du complexe de castration de la fille tel qu'il a été défini par Freud – soit son manque à avoir le phallus – et son entrée consécutive dans le complexe d'Œdipe – ou désir de recevoir le phallus de qui est supposé l'avoir, le père. De même, l'importance de l' « envie du pénis » chez la femme n'est-elle pas remise en cause mais davantage élaborée dans sa dimension structurale.

« L'IMAGE DU CORPS » : FRANÇOISE DOLTO

Il faut citer encore les recherches de Françoise Dolto sur l'évolution sexuelle de la fillette[25]; insister, avec elle, sur la nécessité que la mère soit reconnue comme « femme » par le père pour que la petite fille se sente valorisée en son sexe féminin; et suivre les descriptions qu'elle donne de la *structuration de l'image du corps* à chaque stade du développement libidinal de la fillette, descriptions où elle prête une attention très grande à la *pluralité des zones érogènes* spécifiquement féminines et corrélativement à la *différenciation du plaisir sexuel de la femme*.

Mais, étant donné la richesse de ses analyses et l'acuité des questions que l'on rencontrera dans son étude, on peut regretter que, comme la plupart des autres protagonistes de ce débat autour de la sexualité féminine, elle ait trop peu mis en cause les déterminations historiques qui prescrivent le « devenir femme » tel que l'envisage la psychanalyse.

QUESTIONS SUR LES PRÉMISSES DE LA THÉORIE PSYCHANALYTIQUE

Poser certaines questions à la psychanalyse, la mettre de quelque façon en cause, c'est toujours risquer d'être mal entendu(e) et d'encourager ainsi une attitude *précritique* vis-à-vis de la théorie analytique. Pourtant il existe beaucoup de points où celle-ci mérite qu'on l'interroge, devrait elle-même s'interroger. La sexualité féminine représente l'un d'eux. Si l'on reprend les termes dans lesquels le débat a eu lieu à l'intérieur même du champ psychanalytique, on pourra se demander par exemple :

— *Pourquoi l'alternative jouissance clitoridienne/jouissance vaginale y a-t-elle eu une telle part?* Pourquoi la femme a-t-elle été mise en demeure de choisir entre l'une ou l'autre, qualifiée de « virile » si elle en reste à la première, de « féminine » si elle y renonce pour se cantonner à l'érotisation vaginale? Cette problématique est-elle vraiment pertinente pour rendre compte de l'évolution et de l' « épanouissement » de la sexualité de la femme? Ou est-elle commandée par l'*étalonnage* de celle-ci *à des paramètres masculins* et/ou par des critères valables — peut-être? — pour décider d'une prévalence de l'auto-érotisme ou de l'hétéro-érotisme chez l'homme? En fait, les zones érogènes de la femme ne sont pas le clitoris ou le vagin, mais le clitoris et le vagin, et les lèvres, et la vulve, et le col utérin, et la matrice, et les seins... Ce qui aurait pu, aurait dû, étonner, c'est la *pluralité des zones érogènes génitales,* si l'on tient à ce terme, dans la sexualité féminine.

— *Pourquoi la structuration libidinale de la femme serait-elle décidée, pour la plus grande part, avant la puberté* alors que, pour Freud et bon nombre de ses disciples, le « vagin, organe proprement féminin, n'est pas encore découvert »[1]? Outre que les caractères féminins politiquement, économiquement, culturellement valorisés sont reliés à la maternité, et au maternage. C'est donc dire que tout, ou presque, serait décidé quant au rôle sexuel imparti à la femme, et surtout quant aux représentations qu'on lui en propose, ou qu'on lui en prête, avant même que la spécificité socialement sanctionnée de son intervention dans l'économie sexuelle soit praticable, et avant qu'elle ait accès à une jouissance singulière, « proprement féminine ». On comprend qu'elle n'apparaisse dès lors que comme « manquant de », « dépourvue de », « envieuse de », etc. Pour tout dire : châtrée.

— *Pourquoi la fonction maternelle doit-elle l'emporter sur la fonction plus spécifiquement érotique chez la femme ?* Pourquoi, là encore, la soumet-on, se soumet-elle, à un choix hiérarchisé sans que l'articulation de ces deux rôles sexuels soit suffisamment élaborée ? Certes, cette prescription se comprend dans une *économie et une idéologie de la (re)production,* mais elle est aussi, ou encore, la marque d'un *asservissement au désir de l'homme,* car « le bonheur conjugal reste mal assuré tant que la femme n'a pas réussi à faire de son époux son enfant, tant qu'elle ne se comporte pas maternellement envers lui »[1]. Ce qui annonce la question suivante :

— *Pourquoi l'évolution sexuelle de la femme doit-elle être plus pénible, plus complexe, que celle de l'homme ?*[1] Et quel est le terme de cette évolution, sinon qu'elle devienne en quelque sorte la mère de son mari ? Le vagin lui-même, « ne prenant valeur que comme logis du pénis, assure l'héritage du sein maternel »[3]. Autrement dit, va-t-il de soi que la fillette renonce à ses premiers investissements objectaux, aux zones érogènes précocement investies, pour faire le périple qui la rendra susceptible de satisfaire le désir de toujours de l'homme : faire l'amour avec sa mère, ou un substitut approprié ? Pourquoi la femme devrait-elle quitter sa mère à elle — la « haïr »[1] —, délaisser sa maison, abandonner sa famille, renoncer au nom de sa mère et de son père, pour entrer dans les désirs généalogiques de l'homme ?

— *Pourquoi l'homosexualité féminine est-elle, encore et toujours, interprétée sur le modèle de l'homosexualité masculine ?* L'homosexuelle désirant, en homme, une femme équivalente à la mère phallique et/ou qui, par certains traits, lui rappelle un autre homme, son frère par exemple[4]. Pourquoi le désir du même, de la même, serait-il interdit, ou impossible, à la femme ? Et encore, ou encore, *pourquoi les relations entre fille et mère sont-elles pensées, nécessairement, en termes de désir « viril »,* et d'homosexualité ? A quoi sert cette méconnaissance, cette condamnation, du rapport de la femme à ses désirs originels, cette non-élaboration de sa relation à ses origines ? A assurer la *prévalence d'une seule libido,* la fillette se voyant contrainte de refouler ses pulsions et investissements premiers. Sa libido ?

— Ce qui rejoint la question de savoir *pourquoi l'opposition actif/passif reste aussi insistante dans les controverses concernant la sexualité de la femme.* Bien qu'elle soit définie comme caractéristique d'un stade prégénital, le stade anal, *elle continue à marquer la différence masculin-féminin* — qui en tirerait sa coloration psychologique [26] — *de même qu'elle détermine les rôles respectifs de l'homme et de la femme dans la procréation* [1]. Quel rapport continue d'entretenir cette passivité aux pulsions sadiques-anales, permises à l'homme et interdites à — inhibées chez — la femme? L'homme étant dès lors assuré d'être le seul propriétaire et de l'enfant (le produit) et de la femme (la machine reproductrice) et du sexe (l'agent reproducteur). *Le viol,* si possible *fécondateur,* d'ailleurs présenté par certain(e)s psychanalystes comme le comble de la jouissance féminine [1, 19, 22], devenant le modèle du rapport sexuel.

— *Pourquoi la femme est-elle aussi peu apte à la sublimation?* Reste-t-elle aussi *dépendante de l'instance surmoïque paternelle?* Pourquoi l'instance sociale de la femme est-elle encore pour une bonne part « transcendante à l'ordre du contrat que propage le travail? Et, notamment, est-ce par son effet que se maintient le statut du mariage dans le déclin du paternalisme? » [23] Ces deux questions se rejoignant peut-être dans le fait que la femme serait asservie aux tâches domestiques sans qu'aucun contrat de travail ne l'y lie explicitement, le contrat de mariage en tenant lieu.

On n'a pas fini d'énumérer les questions que pourrait se poser la psychanalyse quant au « destin », en particulier sexuel, imparti à la femme, destin trop souvent mis au compte de l'anatomie, de la biologie, qui expliqueraient, entre autres choses, la fréquence très élevée de la frigidité féminine.

Mais *les déterminations historiques de ce destin vaudraient d'être interrogées.* Cela implique que la psychanalyse reconsidère les limites mêmes de son champ théorique et pratique, qu'elle s'impose le détour de l' « interprétation » du fonds culturel et de l'économie, notamment politique, qui l'ont, à son insu, marquée. Et qu'elle se demande s'il est possible de débattre, régionalement, de la sexualité féminine tant qu'on n'a pas établi quel fut le statut de la femme dans l'économie générale de l'Occident. Quelle fonction lui fut réservée dans *les régimes de propriété, les systématiques philosophiques, les mythologies religieuses,* qui depuis des siècles dominent cet Occident ?

Dans cette perspective, on pourrait soupçonner le *phallus* (le Phallus) d'être *l'actuelle figure d'un dieu jaloux de ses prérogatives,* de prétendre, à ce titre, être le sens dernier de tout discours, l'étalon de la vérité et de la propriété, notamment du sexe, le signifiant et/ou le signifié ultime de tout désir, outre que, emblème et agent du système patriarcal, il continuerait à couvrir le crédit du nom du père (du Père).

RÉFÉRENCES BIBLIOGRAPHIQUES

1. S. Freud, « La féminité », in *Nouvelles conférences sur la psychanalyse,* Gallimard, Idées. J'aurai souvent recours à cet article dans la mesure où, écrit tardivement dans la vie de Freud, il reprend bon nombre d'énoncés développés dans différents autres textes.
2. S. Freud,*Trois essais sur la théorie de la sexualité* (notamment le troisième de ces essais dans les versions de 1915 et ultérieures), Gallimard, Idées.
3. S. Freud, « L'organisation génitale infantile », in *La vie sexuelle*, P.U.F., Bibliothèque de psychanalyse.
4. S. Freud, « Psychogénèse d'un cas d'homosexualité féminine », in *Revue française de psychanalyse,* t. VI, n° 2.
5. S. Freud, « On bat un enfant », in *Revue française de psychanalyse,* t. VI, n⁰ˢ 3-4.
6. S. Freud, « Fragments d'une analyse d'hystérie (Dora) », in *Cinq psychanalyses,* P.U.F., Bibliothèque de psychanalyse.
7. S. Freud, « Sur la sexualité féminine », in *La vie sexuelle*.
8. K. Horney, « De la genèse du complexe de castration », in *La psychologie de la femme,* Payot, Bibliothèque scientifique.
9. K. Horney, « La négation du vagin », in *La psychologie de la femme*. Sur ce point, K. Horney reprend et développe les affirmations de J. Muller dans « A contribution to the problem of libidinal development of the genital phase in girls », in *Intern. J. Psychoanal,* volume 13.
10. K. Horney, « La survalorisation de l'amour », in *La psychologie de la femme*. En fait, il faudrait renvoyer aussi aux articles : « Le problème du masochisme chez la femme », « Le besoin névrotique d'amour », etc.
11. M. Klein, « Les stades précoces du conflit œdipien », in *Essais de psychanalyse,* Payot, Bibliothèque scientifique.
12. M. Klein, « Les premiers stades du conflit œdipien et la formation du surmoi », in *Psychanalyse des enfants,* Payot, Bibliothèque scientifique.
13. M. Klein, « Le retentissement des premières situations anxiogènes sur le développement sexuel de la fille », in *Psychanalyse des enfants*.

14. M. Klein, « Le complexe d'Œdipe éclairé par les angoisses précoces », in *Essais de psychanalyse.*
15. E. Jones, « Le développement précoce de la sexualité féminine », in *Théorie et pratique de la psychanalyse,* Payot, Bibliothèque scientifique.
16. E. Jones, « Sexualité féminine primitive », in *Théorie et pratique de la psychanalyse.*
17. E. Jones, « Le stade phallique », in *Théorie et pratique de la psychanalyse.*
18. J. Lampl De Groot, « The evolution of the œdipus complex in women », in *The psychoanalytical Reader,* R. Fliess ed., Hogarth Press.
19. H. Deutsch, *« La psychologie des femmes »,* P.U.F., Bibliothèque de psychanalyse.
20. R. Mack Brunswick, « The preœdipal phase of the libido development », in *The Psychoanalytical Reader.*
21. M. Bonaparte, « Passivité, masochisme et féminité », in *Psychanalyse et biologie,* P.U.F., Bibliothèque de psychanalyse.
22. M. Bonaparte, *Sexualité de la femme,* P.U.F., Bibliothèque de psychanalyse.
23. J. Lacan, « Propos directifs pour un congrès sur la sexualité féminine », in *Écrits,* Seuil, Le Champ freudien.
24. J. Lacan, « La signification du phallus », in *Écrits.*
25. F. Dolto, « La libido génitale et son destin féminin », in *La Psychanalyse,* n° 7, P.U.F.
26. S. Freud, « Pulsions et destins de pulsions », in *Métapsychologie,* Gallimard, Idées.

POUVOIR DU DISCOURS
SUBORDINATION DU FÉMININ

ENTRETIEN

Pourquoi commencez-vous votre livre par une critique de Freud ?

A strictement parler, il n'y a pas, dans *Speculum* *, un début et une fin. L'architectonique du texte, des textes, déconcerte cette linéarité d'un projet, cette téléologie du discours, dans lesquels aucun lieu n'est possible pour le « féminin », si ce n'est celui, traditionnel, du refoulé, du censuré.

D'ailleurs, « commencer » par Freud et « terminer » par Platon, c'est, déjà, prendre l'histoire « à l'envers ». Renversement « à l'intérieur » duquel la question de la femme ne peut encore s'articuler, auquel on ne peut donc simplement se tenir. D'où ce dispositif qui fait que, dans les textes du « milieu » − *Speculum, à nouveau* −, le renversement apparemment n'a plus lieu. L'important étant de déconcerter le montage de la représentation selon des paramètres *exclusivement* « masculins ». C'est dire selon un ordre phallocratique, qu'il ne s'agit pas de renverser − cela reviendrait finalement au même − mais de déranger, d'altérer, à partir d'un « dehors » soustrait, pour une part, à sa loi.

Mais, pour revenir à votre question : *pourquoi cette critique de Freud ?*

Parce qu'en élaborant une théorie de sexualité, Freud donne à voir ce qui jusqu'alors pouvait fonctionner tout en restant implicite, occulté, méconnu : *l'indifférence sexuelle dont se soutient la vérité de toute science, la logique de tout discours.* Ce qui se donne clairement à lire dans la façon dont Freud détermine la sexualité de la femme. En effet, cette sexualité n'est jamais définie par rapport à un autre sexe que le mas-

---

* *Speculum, de l'autre femme*, Minuit, 1974.

culin. Il n'y a pas, pour Freud, *deux sexes* dont les différences s'articuleraient dans l'acte sexuel, et plus généralement dans les processus imaginaires et symboliques qui règlent un fonctionnement social et culturel. Le « féminin » est toujours décrit comme défaut, atrophie, revers du seul sexe qui monopolise la valeur : le sexe masculin. Ainsi, la trop célèbre « envie du pénis ». Comment accepter que tout le devenir sexuel de la femme soit commandé par le manque, et donc l'envie, la jalousie, la revendication, du sexe masculin? C'est-à-dire que cette évolution sexuelle ne soit jamais référée au sexe féminin lui-même? Tous les énoncés décrivant la sexualité féminine négligent le fait que le sexe féminin pourrait bien avoir aussi une « spécificité ».

Faut-il le rappeler encore?... Au commencement, écrit Freud, la petite fille n'est qu'un petit garçon; la castration, pour la fille, revient à accepter de ne pas avoir de sexe masculin; la fille se détourne de sa mère, la « hait », parce qu'elle s'aperçoit que celle-ci n'a pas le sexe valeureux qu'elle lui supposait; ce rejet de la mère s'accompagne de celui de toute femme, elle-même comprise, et pour la même raison; la fille, alors, se tourne vers son père pour essayer d'obtenir ce qu'elle, ni aucune femme, n'a : le phallus; le désir d'avoir un enfant, pour une femme, signifie celui de posséder enfin un équivalent du sexe masculin; le rapport entre femmes est réglé soit par la rivalité pour la possession du « sexe masculin », soit, dans l'homosexualité, par l'identification à l'homme; l'intérêt que les femmes peuvent prendre à la société n'est dicté, bien sûr, que par l'envie d'avoir des pouvoirs égaux à ceux qu'obtient le sexe masculin; etc. Il n'est jamais question de la femme dans ces énoncés : le féminin est défini comme le complément nécessaire au fonctionnement de la sexualité masculine, et, plus souvent, comme un négatif qui l'assure d'une auto-représentation phallique sans défaillance possible.

Or, Freud décrit un état de fait. Il n'invente pas une sexualité féminine, ni d'ailleurs masculine. Il rend compte, en « homme de science ». Le problème, c'est qu'il n'interroge pas les déterminations historiques des données qu'il traite. Et, par exemple, qu'il accepte comme *norme* la sexualité féminine telle qu'elle se présente à lui. Qu'il interprète les souffrances, les symptômes, les insatisfactions, des femmes en fonction de leur histoire individuelle, sans questionner le rapport de leur « pathologie » à un certain état de la société, de la culture. Ce qui aboutit, le plus généralement, à resoumettre les femmes au discours dominant du père, à sa loi, en faisant taire leurs revendications.

L'inclusion de Freud dans un pouvoir et une idéologie de type patriarcal entraîne d'ailleurs quelques contradictions internes dans sa théorie.

Ainsi : la femme, pour correspondre au désir de l'homme, doit s'identifier à la mère de celui-ci. C'est dire que cet homme devient, en quelque sorte, le frère de ses enfants, ayant le même objet d'amour. Comment, dans une telle configuration, se pose la question de la résolution du complexe d'Œdipe? Donc celle de la différence des sexes, qui, selon Freud, lui est corrélative?

Autre « symptôme » de l'appartenance du discours de Freud à une tradition non analysée : le mode de recours à l'anatomique comme critère irréfutable de vérité. Or, une science n'est jamais achevée; elle a aussi une histoire. Et, par ailleurs, les données scientifiques sont susceptibles de plusieurs interprétations. Il n'empêche que Freud justifie l'activité agressive du masculin et la passivité du féminin par des impératifs anatomo-physiologiques, notamment de reproduction. On sait maintenant que l'ovule n'est pas aussi passif que Freud le prétend et qu'il se choisit un spermatozoïde autant, sinon plus, qu'il n'est choisi par lui. Transposez dans le registre psychique et social... Freud affirme aussi que le pénis tire sa valeur d'être l'organe reproducteur. Or, les organes génitaux de la femme, qui n'en tireraient cependant pas le même bénéfice narcissique, concourent autant et sont même plus indispensables à la reproduction. Les références anatomiques de Freud pour justifier le développement de la sexualité sont d'ailleurs presque toutes liées à un enjeu reproductif. Qu'en advient-il dès lors que la fonction sexuelle peut se dissocier d'une fonction reproductrice, hypothèse évidemment assez peu considérée par Freud?

Mais l'appui sur l'anatomique pour justifier une position théorique est particulièrement nécessaire à Freud dans sa description du devenir sexuel de la femme. « Qu'y pouvons-nous ? » écrit-il d'ailleurs à ce propos, en transposant un mot de Napoléon... « L'anatomie, c'est le destin. » Dès lors, au nom de ce destin anatomique, les femmes seront moins favorisées par la nature du point de vue libidinal, fréquemment frigides, non agressives, non sadiques, non possessives, homosexuelles selon le taux d'hermaphroditisme de leurs ovaires, étrangères aux valeurs culturelles à moins qu'elles n'y participent par quelque « hérédité croisée », etc. Bref, privées de la valeur de leur sexe. L'important étant, bien sûr, qu'on ne sache pas pourquoi, par qui, et que cela soit porté au compte de la « Nature ».

> *Cette critique de Freud va-t-elle jusqu'à remettre*
> *en cause la théorie et la pratique psychanalytiques ?*

Certainement pas pour en revenir à une attitude précritique vis-à-vis de la psychanalyse, ni pour affirmer que celle-ci aurait déjà épuisé son efficacité. Il s'agirait plutôt d'en déployer les implications encore inopérantes. De dire que si la théorie freudienne apporte bien de quoi ébranler l'ordre philosophique du discours, elle y reste paradoxalement soumise pour ce qui concerne la définition de la différence des sexes.

Ainsi, Freud met en échec une certaine conception du « présent », de la « présence », en portant l'accent sur l'après-coup, la surdétermination, l'automatisme de répétition, la pulsion de mort, etc., ou en indiquant, dans sa théorie ou sa pratique, l'impact des mécanismes dénommés inconscients sur le langage du « sujet ». Mais, prisonnier lui-même d'une certaine économie du logos, il définit la différence sexuelle en fonction de l'a priori du Même, recourant, pour étayer sa démonstration, aux procédés de toujours : l'analogie, la comparaison, la symétrie, les oppositions dichotomiques, etc. Partie prenante d'une « idéologie » qu'il ne remet pas en cause, il affirme que le « masculin » est le modèle sexuel, que toute représentation de désir ne peut que s'y étalonner, s'y soumettre. Ce faisant, Freud exhibe les présupposés de la scène de la représentation : *l'indifférence sexuelle* qui la sous-tend, en assure la cohérence et la clôture. Indirectement, il en propose donc l'analyse. Mais l'articulation possible du rapport entre l'économie inconsciente et la différence des sexes n'est pas réalisée par lui. Défaut théorique et pratique qui peut limiter, à son tour, la scène de l'inconscient. Ou, plutôt, servir de *levier d'interprétation* pour son déploiement?

Ainsi pourrait-on se demander si certaines propriétés attribuées à l'inconscient ne sont pas, pour une part, référables au sexe féminin censuré de la logique de la conscience. Si le féminin *a* un inconscient ou s'il *est* l'inconscient. Etc. Le suspens de ces questions aboutissant à ce que psychanalyser une femme revienne à l'adapter à une société de type masculin.

Et, certes, il serait intéressant de savoir ce qu'il adviendrait des notions psychanalytiques dans une culture qui ne refoulerait plus le féminin. La reconnaissance d'une sexualité féminine « spécifique » remettant en cause le monopole de la valeur par le seul sexe masculin, en fin de compte par le père, quel sens pourrait avoir le complexe d'Œdipe dans un système symbolique autre que le patriarcat?

Mais cet ordre est bien aujourd'hui celui qui fait la loi. Le méconnaître serait aussi naïf que de le laisser à sa domination, sans interroger les conditions de possibilité de celle-ci. Ainsi, que Freud – ou plus généralement la théorie psychanalytique – ait pris comme thème, comme objet, de son discours la sexualité n'a pas entraîné qu'il interprète ce qu'il en est de *la sexuation du discours* lui-même, et notamment du sien. Ce dont témoigne son point de vue résolument « masculin » sur la sexualité féminine, et, par ailleurs, son attention très partielle aux apports théoriques des analystes femmes. L'analyse des présupposés de la production du discours n'est pas réalisée par lui en ce qui concerne la différence sexuelle. Autrement dit, les questions que la pratique et la théorie de Freud posent à la scène de la représentation ne vont pas jusqu'à celle de la détermination sexuée de cette scène. De manquer cette articulation, l'apport de Freud reste, pour une part – et justement en ce qui concerne la différence des sexes –, pris dans des a priori métaphysiques.

*... Ce qui vous a amenée à une relecture interprétante
des textes qui déterminent l'histoire de la philosophie ?*

Oui, car, à moins de s'en tenir naïvement – ou tactiquement parfois – à quelque régionalité, ou quelque marginalité, c'est bien le discours philosophique qu'il faut questionner, et *déranger,* en tant qu'il fait la loi à tout autre, qu'il
constitue le discours des discours.

Il fallait donc y faire retour, pour interroger ce qui fait la
puissance de sa systématicité, la force de sa cohésion, la ressource de ses déploiements, la généralité de sa loi et de sa
valeur. C'est dire sa *position de maîtrise,* et de reprise possible
des différentes productions de l'histoire.

Or, cette domination du logos philosophique vient, pour
une bonne part, de son pouvoir de *réduire tout autre dans
l'économie du Même.* Le projet téléologiquement constructeur
qu'il se donne est toujours aussi un projet de détournement,
de dévoiement, de réduction, de l'autre dans le Même. Et,
dans sa plus grande généralité peut-être, *d'effacement de la
différence des sexes* dans les systèmes auto-représentatifs d'un
« sujet masculin ».

D'où la nécessité de « rouvrir » les figures du discours
philosophique – l'idée, la substance, le sujet, la subjectivité
transcendantale, le savoir absolu – pour en faire resurgir
les emprunts au/du féminin, leur faire « rendre » ce qu'elles
doivent au féminin. Ce qui peut se faire par divers moyens,
divers « chemins ». Il en faut d'ailleurs au moins plusieurs.

Soit en interrogeant *les conditions de possibilité de la systématicité elle-même :* ce que la cohérence de l'énoncé discursif
occulte de ses conditions de production, quoi qu'il en dise
dans le discours. Ainsi la *« matière »* dont se nourrit le sujet
parlant pour se produire, se reproduire; *la scénographie* qui
rend praticable la représentation telle qu'elle se définit en
philosophie, c'est-à-dire l'architectonique de son théâtre,
son cadrage de l'espace-temps, son économie géométrique,
son ameublement, ses acteurs, leurs positions respectives,
leurs dialogues, voire leurs rapports tragiques, sans oublier

le *miroir,* le plus souvent masqué, qui permet au logos, au sujet, de se redoubler, de se réfléchir, lui-même. Toutes interventions dans la scène qui, restées ininterprétées, assurent sa cohérence. Il faut donc les faire rejouer, dans chaque figure du discours, pour le déconcerter de son ancrage dans la valeur de « présence ». Pour chaque philosophe − à commencer par ceux qui ont déterminé une époque de l'histoire de la philosophie −, il faut repérer comment s'opère la coupure d'avec la contiguïté matérielle, le montage du système, l'économie spéculaire.

Dans cette relecture interprétante, la démarche a toujours été aussi *une démarche psychanalytique.* Donc une attention au fonctionnement de l'inconscient de chaque philosophie, et peut-être de la philosophie en général. Une écoute de ses procédures de refoulement, de la structuration du langage qui étaye sa/ses représentations, départageant le vrai du faux, le sensé de l'insensé, etc. Cela ne signifie pas qu'il faille se livrer à quelque opération d'interprétation symbolique, ponctuelle, des énoncés des philosophes. Ce qui laisserait intact, par ailleurs, le mystère de « l'origine ». Il s'agit plutôt de questionner le *fonctionnement de la « grammaire »* de chaque figure du discours, ses lois ou nécessités syntaxiques, ses configurations imaginaires, ses réseaux métaphoriques, et aussi, bien sûr, ce qu'elle n'articule pas dans l'énoncé : *ses silences.*

Mais la psychanalyse, même aidée de la science du langage, ne peut résoudre − on l'a vu déjà − la question de l'articulation du sexe féminin dans le discours. Même si la théorie de Freud, par un effet de répétition générale de la scène − en tout cas pour ce qui concerne le rapport entre les sexes −, montre clairement la fonction du féminin dans celle-ci. *Reste, donc, à entreprendre de « détruire » le fonctionnement discursif.* Ce qui n'est pas une entreprise simple... Car comment s'introduire dans une systématicité aussi cohérente ?

Il n'est, dans un premier temps, peut-être qu'un seul « chemin », celui qui est historiquement assigné au féminin : *le mimétisme.* Il s'agit d'assumer, délibérément, ce rôle. Ce qui est déjà retourner en affirmation une subordination, et, de ce fait, commencer à la déjouer. Alors que récuser cette condition revient, pour le féminin, à revendiquer de parler en « sujet » (masculin), soit à postuler un rapport à l'intelligible qui maintient l'indifférence sexuelle.

Jouer de la mimésis, c'est donc, pour une femme, tenter de retrouver le lieu de son exploitation par le discours, sans s'y laisser simplement réduire. C'est se resoumettre — en tant que du côté du « sensible », de la « matière »... — à des « idées », notamment d'elle, élaborées dans/par une logique masculine, mais pour faire « apparaître », par un effet de répétition ludique, ce qui devait rester occulté : le recouvrement d'une possible opération du féminin dans le langage. C'est aussi « dévoiler » le fait que, si les femmes miment si bien, c'est qu'elles ne se résorbent pas simplement dans cette fonction. *Elles restent aussi ailleurs :* autre insistance de « matière », mais aussi de « jouissance ».

Ailleurs de « matière » : si les femmes peuvent jouer de la mimésis, c'est qu'elles peuvent en réalimenter le fonctionnement. Qu'elles en ont toujours nourri le fonctionnement? Le « premier » enjeu de la mimésis n'est-il pas de re-produire (de) la nature? De lui donner forme pour se l'approprier? Gardiennes de la « nature », les femmes ne sont-elles pas celles qui entretiennent, qui permettent donc, la ressource de la mimésis pour les hommes? Pour le logos?

C'est là, bien sûr, que l'hypothèse d'un renversement — à l'intérieur de l'ordre phallique — est toujours possible. La re-semblance ne peut se passer de sang rouge. La mère-matière-nature doit encore et toujours nourrir la spéculation. Mais cette re-source est aussi rejetée comme déchet de la réflexion, mise à l'extérieur de ce qui lui résiste : comme folie. Outre l'ambivalence que s'attire ainsi la mère nourricière phallique, cette fonction laisse en reste la jouissance de la femme.

Cet *« ailleurs »* de la jouissance féminine, ce serait plutôt du lieu où elle soutient l'ek-stase dans le transcendantal qu'elle serait à retrouver. Du lieu où elle sert de caution à un narcissisme extrapolé dans le « Dieu » des hommes. Fonction qu'elle ne peut assurer qu'au prix de son dérobement ultime à la prospection, de sa « virginité » inapte à la représentation de soi. Jouissance qui doit rester inarticulable dans le langage, dans son langage, sous peine de mettre en cause ce qui étaye le fonctionnement logique. Aussi bien, ce qui est aujourd'hui le plus interdit aux femmes est d'essayer de parler leur jouissance.

Cet ailleurs de la jouissance de la femme ne se retrouve qu'au prix d'une *retraversée du miroir qui sous-tend toute spéculation.* Ne se situant simplement ni dans un procès de réflexion ou de mimétisme, ni dans son en-deçà — empirique opaque à tout langage —, ni dans son au-delà — infini auto-suffisant du Dieu des hommes —, mais renvoyant toutes ces catégories et coupures aux nécessités de l'auto-représentation du désir phallique dans le discours. Retraversée ludique, et confondante, qui permettrait à la femme de retrouver le lieu de son « auto-affection ». Si l'on veut, de son « dieu ». Dieu auquel il est bien évident que le recours, à moins d'admettre son *dédoublement,* est toujours reconduction du féminin à l'économie phallocratique.

Cette retraversée du discours pour retrouver un lieu « féminin »
suppose un certain travail du langage ?

Il ne s'agit pas, en effet, d'interpréter le fonctionnement du discours en restant dans le même type d'énoncé que celui qui garantit la cohérence discursive. C'est d'ailleurs le risque de tout propos, de tout entretien, *sur Speculum.* Et, plus généralement, *sur* la question de la femme. Car parler *de* ou *sur* la femme peut toujours revenir ou être entendu comme une reprise du féminin à l'intérieur d'une logique qui le maintient dans le refoulement, la censure, la méconnaissance.

Autrement dit, l'enjeu n'est pas d'élaborer une nouvelle théorie dont la femme serait le *sujet* ou *l'objet,* mais d'enrayer la machinerie théorique elle-même, de suspendre sa prétention à la production d'une vérité et d'un sens par trop univoques. Ce qui suppose que les femmes ne se veuillent pas simplement les égales des hommes dans le savoir. Qu'elles ne prétendent pas rivaliser avec eux en construisant une logique du féminin qui prendrait encore comme modèle l'onto-théo-logique mais qu'elles essaient plutôt de déprendre

75

cette question de l'économie du logos. Qu'elles ne la posent, donc, pas sous la forme : « La femme, qu'est-ce que c'est ? » Mais que, répétant-interprétant la façon dont, à l'intérieur du discours, le féminin se trouve déterminé : comme manque, défaut, ou comme mime et reproduction inversée du sujet, elles signifient qu'à cette logique un *excès, dérangeant,* est possible du côté du féminin.

Excès qui ne déborde le bon sens qu'à la condition que le féminin ne renonce pas à son « style ». Lequel, bien sûr, n'en est pas un selon la conception traditionnelle.

Ce « style », ou « écriture », de la femme met plutôt feu aux mots fétiches, aux termes propres, aux formes bien construites. Ce « style » ne privilégie pas le regard mais rend toute figure à sa naissance, aussi *tactile*. Elle s'y re-touche sans jamais y constituer, s'y constituer en quelque unité. La *simultanéité* serait son « propre ». Un propre qui ne s'arrête jamais dans la possible identité à soi d'aucune forme. Toujours *fluide,* sans oublier les caractères difficilement idéalisables de ceux-ci : ces frottements entre deux infiniment voisins qui font dynamique. Son « style » résiste à, et fait exploser, toute forme, figure, idée, concept, solidement établis. Ce qui n'est pas dire que son style n'est rien, comme le laisse croire une discursivité qui ne peut le penser. Mais son « style » ne peut se soutenir comme thèse, ne peut faire l'objet d'une position.

Et même les motifs du « se toucher », de la « proximité », isolés comme tels ou réduits en énoncés, pourraient effectivement passer pour une tentative d'approprier le féminin au discours. Resterait à éprouver si « se toucher » — ce toucher —, le désir du proche plutôt que du propre, etc., n'impliquent pas un mode d'échange irréductible à tout *centrage, centrisme,* étant donné la façon dont le « se toucher » de l' « auto-affection » féminine joue comme un renvoi de l'un(e) à l'autre sans arrêt possible, et que la proximité y confond toute adéquation, appropriation.

Mais, certes, si ce n'était là que « motifs » sans travail du langage, l'économie discursive pourrait subsister. Comment, donc, essayer de définir encore ce travail du langage qui lais-

serait lieu au féminin ? Disons que toute coupure dichoto-
misante, et redoublante à la fois — y compris entre énonciation et énoncé —, doit être déconcertée. Rien n'être
jamais *posé* qui ne soit renversé, et renvoyé aussi à *l'en-plus
de ce renversement.* Dit autrement : il n'y aurait plus ni endroit
ni envers du discours, ni même du texte, mais les deux passant de l'un à l'autre pour faire « entendre » aussi ce qui
résiste à cette structure recto-verso qui étaye le bon sens. Si
cela doit se pratiquer pour tout sens posé — mot, énoncé,
phrase, mais aussi bien sûr phonème, lettre… —, il convient
de faire en sorte aussi que la lecture linéaire ne soit plus possible : c'est-à-dire que la rétroaction de la fin du mot, de
l'énoncé, de la phrase, sur son début soit prise en compte
pour désamorcer la puissance de son effet téléologique, y
compris dans son après-coup. Cela vaudrait encore pour
l'opposition entre structures d'horizontalité et de verticalité à
l'œuvre dans le langage.

Ce qui permet d'opérer de la sorte, c'est d'interpréter, à
chaque « temps », *l'enjeu spéculaire* du discours, soit l'économie auto-réfléchissante (planifiable) du sujet dans celui-ci.
Économie qui maintient, entre autres, la coupure entre
sensible et intelligible, et donc la soumission, subordination,
exploitation, du « féminin ».

Ce travail du langage tenterait ainsi de déjouer toute manipulation du discours qui laisserait, aussi, celui-ci intact. Non,
forcément, dans l'énoncé, mais dans ses *présupposés auto-
logiques.* Sa fonction serait donc de *désancrer le phallocentrisme,
le phallocratisme,* pour rendre le masculin à son langage, laissant la possibilité d'un langage autre. Ce qui veut dire que
le masculin ne serait plus « le tout ». Ne pourrait plus, à lui
seul, définir, circonvenir, circonscrire la, les propriétés du/de
tout. Ou, encore, que le droit de définir toute valeur — y
compris le privilège abusif de l'appropriation — ne lui
reviendrait plus.

> *Cette interprétation de l'ordre philosophique
> et ce travail du langage
> n'impliquent-ils pas un enjeu politique ?*

Toute opération sur/dans le langage philosophique, en
raison même de la nature de ce discours — par essence poli-

tique —, possède des implications qui, pour être médiates, n'en sont pas moins politiquement déterminées.

La première question à poser est donc : comment les femmes peuvent-elles analyser leur exploitation, inscrire leurs revendications, dans un ordre prescrit par le masculin ? *Une politique des femmes y est-elle possible ?* Quelle transformation exige-t-elle dans le fonctionnement politique lui-même ?

A ce titre, quand les mouvements de femmes remettent en cause les formes et la nature de la vie politique, le jeu actuel des pouvoirs et des rapports de force, ils travaillent effectivement à une modification du statut de la femme. Par contre, lorsque ces mêmes mouvements visent à un simple renversement dans la détention du pouvoir, laissant intacte la structure de celui-ci, alors ils se resoumettent, le voulant ou non, à un ordre phallocratique. Geste qu'il faut, bien sûr, dénoncer, et de façon d'autant plus ferme qu'il peut constituer une exploitation plus subtilement masquée des femmes. En effet, il joue de cette naïveté : il suffirait d'être femme pour être hors du pouvoir phallique.

Mais ces questions sont complexes, d'autant qu'il ne s'agit évidemment pas, pour les femmes, de renoncer à l'égalité des droits sociaux. Comment articuler la double « revendication » : d'égalité et de différence ?

Certes pas en acceptant le dilemme : « lutte des classes » ou « lutte des sexes », qui vise, à nouveau, à réduire la question de l'exploitation des femmes dans une détermination du pouvoir de type masculin. Plus exactement, de reporter à un plus tard, indéterminé, une « politique » de la femme, en la faisant s'aligner un peu trop simplement sur les luttes des hommes.

Il semble, à cet égard, que le *rapport entre le système d'oppression économique entre les classes et celui que l'on peut désigner de patriarcal* soit bien peu dialectiquement analysé et, à nouveau, reconduit à une structure hiérarchique.

Or, « le premier antagonisme de classe qui parut dans l'histoire coïncide avec le développement de l'antagonisme entre l'homme et la femme dans la monogamie, et la première oppression de classe avec celle du sexe féminin par le sexe masculin ». (Engels, *L'origine de la famille, de la propriété privée et de l'État,* Éd. Sociales, pp. 64-65.) Ou encore : « Cette division du travail qui implique toutes ces contradictions et repose à son tour sur la division naturelle du travail dans la famille et sur la séparation de la société en familles isolées et opposées les unes aux autres, cette division du travail implique en même temps la répartition du travail et de ses produits, distribution *inégale* en vérité tant en qualité qu'en quantité; elle implique donc la propriété, dont la première forme, le germe, réside dans la famille, où la femme et les enfants sont les esclaves de l'homme. L'esclavage, certes encore très rudimentaire et latent dans la famille, est la première propriété, qui d'ailleurs correspond déjà parfaitement ici à la définition des économistes modernes d'après laquelle elle est la libre disposition de la force de travail d'autrui. » (Marx-Engels, *L'idéologie allemande,* Éd. Sociales, p. 61.) De ce premier antagonisme, cette première oppression, cette première forme, cette première propriété, ce germe... on peut bien dire qu'ils ne signifient jamais qu'un « premier temps » de l'histoire, voire une élaboration des « origines », pourquoi pas mythique. Reste que cette première oppression est, encore aujourd'hui, effective et que le problème est de savoir comment elle s'articule à l'autre, si tant est qu'il faille ainsi les dichotomiser, les opposer, les subordonner l'une à l'autre, selon des processus qui font encore étrangement système avec une logique idéaliste.

Car l'ordre patriarcal est bien celui qui fonctionne comme *organisation et monopolisation de la propriété privée au bénéfice du chef de famille.* C'est son nom propre, le nom du père, qui détermine l'appropriation, y compris en ce qui concerne la femme et les enfants. Et ce qui sera exigé de celle-ci, de ceux-ci — la monogamie pour l'une, la préséance de la filiation masculine, et singulièrement de l'aîné du nom, pour les autres —, le sera bien pour assurer « la concentration de grandes richesses dans les mêmes mains, celles d'un homme » et pour « transmettre ces richesses par héritage aux enfants de cet homme-là et d'aucun autre »; ce qui, bien sûr, « n'entrave pas le moins du monde la polygamie ouverte ou cachée de l'homme » (Engels, *L'origine de la famille, de la propriété privée et de l'État*, p. 73). Comment, dès lors, peut-on dissocier l'analyse de l'exploitation de la femme de celle des modes d'appropriation ?

Cette question se pose aujourd'hui avec une nécessité différente. En effet, les rapports homme-femme commencent à être moins occultés par les fonctions père-mère. Ou, plus exactement, homme-père/mère : l'homme, en effet, n'a jamais été réduit à une simple fonction reproductrice du fait de sa participation effective aux échanges publics. La femme, elle, du fait de sa réclusion dans la « maison », le lieu de la propriété privée, n'était plus que la mère. Et, non seulement son entrée dans les circuits de production, mais encore – plus encore ? – la généralisation de la contraception, et de l'avortement, la rendent à ce rôle impossible : être femme. Et si, de la contraception ou de l'avortement, on ne parle encore le plus souvent que comme possibilité de contrôler, voire de « maîtriser » les naissances, d'être mère « à volonté », il n'empêche qu'elles entraînent une possibilité de *modification du statut social de la femme,* et donc des modes de rapports sociaux entre l'homme et la femme.

Mais la femme, indépendamment de sa fonction reproductrice, correspondrait à quelle réalité ? Il semble que lui soient reconnus deux rôles possibles, parfois ou souvent contradictoires. La femme serait *l'égale de l'homme.* Elle jouirait, dans un avenir plus ou moins proche, des mêmes droits économiques, sociaux, politiques, que les hommes. Elle serait un homme en devenir. Mais la femme devrait, aussi, sur le marché des échanges – notamment, ou exemplairement sexuels –, garder et entretenir ce qu'on appelle la *féminité.* La valeur de la femme lui viendrait de son rôle maternel, et, par ailleurs, de sa « féminité ». Mais, en fait, cette « féminité » est un rôle, une image, une valeur, imposés aux femmes par les systèmes de représentation des hommes. Dans cette mascarade de la féminité, la femme se perd, et s'y perd à force d'en jouer. Il n'empêche que cela lui demande un *travail* dont elle ne touche pas le prix. A moins que son plaisir ne soit simplement d'être choisie comme objet de consommation ou de convoitise par des « sujets » masculins. Et, d'ailleurs, comment faire autrement sans être « hors commerce » ?

Dans notre ordre social, les femmes sont « produites », utilisées, échangées par les hommes. Leur statut est celui des « marchandises ». Comment cet objet d'usage et de transaction peut-il revendiquer un droit à la parole et, plus généralement, une participation aux échanges ? Les marchandises, on le sait, ne vont pas seules au marché, et si elles pouvaient parler... Les femmes doivent donc rester une « infrastructure » méconnue comme telle de notre société et de notre culture. L'usage, la consommation, la circulation de leurs corps sexués assurent l'organisation et la reproduction de l'ordre social, sans qu'à celui-ci elles aient jamais part comme « sujets ».

La femme est donc dans une situation d'*exploitation spécifique* par rapport au fonctionnement des échanges : sexuels, mais plus généralement économiques, sociaux, culturels. Elle n'y « entre » que comme objet de transaction, à moins qu'elle n'accepte de renoncer à la spécificité de son sexe. Dont « l'identité » lui est d'ailleurs imposée selon des modèles qui lui restent étrangers. L'infériorité sociale des femmes se renforce et se complique du fait que la femme n'a pas accès au langage, sinon par le recours à des systèmes de représentations « masculins » qui la désapproprient de son rapport à elle-même, et aux autres femmes. Le « féminin » ne se déterminerait jamais que par et pour le masculin, la réciproque n'étant pas « vraie ».

Mais cette situation d'oppression spécifique est peut-être ce qui peut permettre, aujourd'hui, aux femmes d'élaborer une « critique de l'économie politique », en tant qu'elles sont en position d'extériorité par rapport aux lois des échanges, tout en y étant incluses comme « marchandises ». Critique de l'économie politique qui ne pourrait, cette fois, se passer de celle du discours dans lequel elle se réalise, et notamment de ses présupposés métaphysiques. Et qui interpréterait, sans doute, de manière différente *l'impact de l'économie du discours dans l'analyse des rapports de production.*

Car, sans l'exploitation du corps-matière des femmes, qu'adviendrait-il du fonctionnement symbolique qui règle la société ? Quelle modification subirait celui-ci, celle-ci, si les

femmes, d'objets de consommation ou d'échange, forcément
aphasiques, devenaient aussi des « sujets parlants »? Certes
pas selon le « modèle » masculin, ou plus exactement phallocratique.

Cela ne manquerait pas de faire question au discours qui
fait aujourd'hui la loi, qui légifère sur tout, y compris la différence des sexes, au point que l'existence d'un autre sexe,
d'un(e) autre : femme, lui paraisse encore inimaginable.

COSI FAN TUTTI

« Celui à qui je suppose le savoir, je l'aime. »

« Elles ne savent pas ce qu'elles disent, c'est toute la différence entre elles et moi. » *

La psychanalyse tient sur la sexualité féminine le discours de la vérité. Un discours qui dit le vrai de la logique de la vérité : à savoir que *le féminin n'y a lieu qu'à l'intérieur de modèles et de lois édictés par des sujets masculins.* Ce qui implique qu'il n'existe pas réellement deux sexes, mais un seul. Une seule pratique et représentation du sexuel. Avec son histoire, ses nécessités, ses revers, ses manques, son/ses négatifs... dont le sexe féminin est le support.

Ce modèle, *phallique,* participe des valeurs promues par la société et la culture patriarcales, valeurs inscrites dans le corpus philosophique : propriété, production, ordre, forme, unité, visibilité... érection.

Répétant, pour une part à son insu, cette tradition occidentale, et la scène où elle se représente, la psychanalyse la donne à voir dans sa vérité, cette fois *sexuelle.*

Ainsi, à propos du « devenir une femme normale », on apprend, par Freud, qu'il n'a et ne peut avoir qu'un mobile : l'« envie du pénis », soit l'envie de s'approprier le sexe qui monopolise culturellement la valeur. Les femmes ne l'ayant pas, elles ne peuvent qu'envier celui des hommes et, à défaut de pouvoir le posséder, que chercher à y trouver des équivalents. La femme ne s'accomplirait, d'ailleurs, que dans la maternité, dans la mise au monde de l'enfant, « substitut du pénis » et, pour que le bonheur soit complet, porteur du pénis lui-même. La réalisation parfaite du devenir femme, selon

* Toutes les citations sont extraites de *Encore, Le Séminaire XX,* de Jacques Lacan, éd. du Seuil.

Freud, serait de reproduire le sexe masculin, au mépris du sien. En fait, la femme ne sortirait jamais vraiment du complexe d'Œdipe. Elle resterait toujours fixée au désir du père, assujettie au père, et à sa loi, par peur de perdre son amour : la seule chose susceptible de lui donner quelque valeur. *

Mais le vrai du vrai sur la sexualité de la femme s'énonce encore avec une plus grande rigueur quand la psychanalyse prend comme objet de ses investigations *le discours lui-même.* Là, plus d'anatomie qui viendrait tant soit peu servir de preuve-alibi à une différence effective des sexes. Ceux-ci ne se définissent que de leur détermination dans et par le langage. Dont il ne faut pas oublier que les lois sont prescrites, depuis des siècles, par des sujets masculins.

Cela donne donc : « Il n'y a de femme qu'exclue par la nature des choses qui est la nature des mots, et il faut bien dire que, s'il y a quelque chose dont elles se plaignent assez pour l'instant, c'est bien de ça — simplement elles ne savent pas ce qu'elles disent, c'est toute la différence entre elles et moi. »

Voilà qui est clairement énoncé. Les femmes sont en position d'exclusion. Ce dont elles peuvent se plaindre... Mais c'est son discours, en tant qu'il fait la loi — « c'est toute la différence entre elles et moi »? — , qui peut savoir ce qu'il en est de cette exclusion. Et qui, d'ailleurs, la perpétue. Sans grand espoir, pour elles, d'en sortir. Cette exclusion est *interne* à un ordre auquel rien n'échapperait : celui de son discours. A l'objection qu'il n'est peut-être pas tout, il sera répondu que c'est elles qui sont « pas-toutes ».

De cette encerclante machinerie projective, aucune réalité ne sortira indemne. Vivante. Tout « corps » en sera transformé. C'est la seule façon pour le « sujet » d'en jouir, après l'avoir morcelé, habillé, travesti, mortifié, dans ses fantasmes. Le redoutable est que de ceux-ci il fait loi, allant jusqu'à les confondre avec la science : à laquelle ne résiste aucune

* Pour l'exposé des positions de Freud sur la sexualité féminine, voir « Retour sur la théorie psychanalytique », pp. 34 à 64. Pour leur critique détaillée, se reporter à *Speculum, de l'autre femme,* Minuit, 1974.

réalité. Le tout est déjà circonscrit et déterminé dans et par son discours.

« Il n'y a aucune réalité pré-discursive. Chaque réalité se fonde et se définit d'un discours. C'est en cela qu'il importe que nous nous apercevions de quoi est fait le discours analytique, et que nous ne méconnaissions pas ceci, qui sans doute n'y a qu'une place limitée, à savoir de ce qu'on y parle de ce que le verbe *foutre* énonce parfaitement. On y parle de foutre – verbe, en anglais *to fuck* – et on y dit que ça ne va pas. »

Ça ne va pas... Prenons-en acte à partir d'impératifs logiques. Ce qui fait question dans la réalité trouve sa raison dans une logique, qui a déjà ordonné la réalité comme telle. Rien n'échappe à la circularité de cette loi.

Ainsi, les femmes, cette « réalité » un peu résistante au discours, comment donc les définir ?

« L'être sexué de ces femmes pas-toutes ne passe pas par le corps, mais par ce qui résulte d'une exigence logique dans la parole. En effet, la logique, la cohérence inscrite dans le fait qu'existe le langage et qu'il est hors des corps qui en sont agités, bref l'Autre qui s'incarne, si l'on peut dire, comme être sexué, exige cet une par une. »

La sexuation femme serait donc l'effet d'une exigence logique, de l'existence d'un langage, transcendant aux corps, qui nécessiterait, pour – quand même – s'incarner « si l'on peut dire », de prendre les femmes une par une. Entendez que la femme n'existe pas, mais que le langage existe. Que la femme n'existe pas de ce que le langage – un langage – règne en maître, et qu'elle risquerait – sorte de « réalité pré-discursive » ? – d'en déranger l'ordre.

C'est d'ailleurs en tant qu'elle n'existe pas qu'elle entretient le désir de ces « êtres parlants » que sont les dénommés hommes : « Un homme cherche une femme – ça va vous paraître curieux – de ce qui ne se situe que du discours, puisque, si ce que j'avance est vrai, à savoir que la femme n'est pas-toute, il y a toujours quelque chose qui chez elle échappe au discours. »

L'homme la recherche donc de l'avoir inscrite dans le discours, mais comme manque, comme faille.

La psychanalyse, dans sa plus grande rigueur logique, serait-elle une théologie négative? Ou plutôt son négatif? Ce qui est postulé comme cause du désir étant le manque comme tel.

Du mouvement de la théologie négative, elle néglige aussi le travail sur les projections : le désinvestissement de Dieu des prédicats mondains, et de toute prédication. L'obstacle phallique résiste à se laisser désapproprier, et l'Autre restera le lieu d'inscription de ses formations.

Mais, se débarrasser du corps, pour un psychanalyste, n'est pas toujours une démarche aisée. Comment le réduire dans la machinerie logique?

Heureusement, il y a les femmes. En effet, si l'être sexué de ces femmes « pas-toutes » ne passe pas par le corps — du moins leur corps — , elles auront néanmoins à supporter la fonction de l'objet « a », ce reste de corps. L'être sexué féminin dans et par le discours serait aussi un lieu de dépôts des restes produits par le fonctionnement du langage. Pour qu'il en soit ainsi, la femme doit demeurer du corps sans organe(s).

De ce fait, tout ce qui concerne les zones érogènes de la femme n'a, pour le psychanalyste, pas le moindre intérêt : « Alors on l'appelle comme on peut, cette jouissance, *vaginale,* on parle du pôle postérieur du museau de l'utérus et autres conneries, c'est le cas de le dire. »

La géographie du plaisir féminin ne vaut pas qu'on l'écoute. Elles ne valent pas qu'on les écoute, surtout quand elles essaient de parler de leur plaisir : « elles ne savent pas ce qu'elles disent », « de cette jouissance, la femme ne sait rien », « ce qui laisse quelque chance à ce que j'avance... c'est que depuis qu'on les supplie, qu'on les supplie à genoux — je parlais la dernière fois des analystes femmes — d'essayer de nous le dire, eh bien, motus! On n'a jamais rien pu en tirer », *« nos collègues les dames analystes, sur la sexualité féminine, elles ne nous disent... pas tout!* C'est tout à fait frappant. Elles n'ont pas fait avancer d'un bout la question de la sexualité féminine. Il doit y avoir à ça une raison interne, liée à la structure de l'appareil de jouissance ».

La question de savoir si, dans sa logique, elles peuvent articuler quoi que ce soit, ou être entendues, n'est même pas posée. Ce serait accepter qu'il puisse y en avoir une autre, et qui dérange la sienne. C'est-à-dire, qui questionne la maîtrise.

Et, pour qu'il n'en soit rien, c'est à une statue qu'est accordé le droit de jouir... « Vous n'avez qu'à aller regarder à Rome la statue du Bernin pour comprendre tout de suite qu'elle jouit, sainte Thérèse, ça ne fait pas de doute. »

A Rome? Si loin? Regarder? Une statue? De sainte? Sculptée par un homme? De quelle jouissance s'agit-il? La jouissance de qui? Car, pour ce qui concerne celle de la Thérèse en question, ses écrits sont peut-être plus parlants.

Mais, comment les « lire » quand on est « homme »? La production de jaculations de toutes sortes, souvent trop précocement émises, lui fait rater, dans le désir d'identification à la dame, ce qu'il en serait de sa jouissance à elle.

Et... à lui?

Mais que le rapport sexuel soit par là inarticulable, c'est ce qui lui permet de causer : « entre les sexes chez l'être parlant le rapport ne se fait pas, pour autant que c'est à partir de là seulement que se peut énoncer ce qui, à ce rapport, supplée ».

Si, donc, le rapport se faisait, tout ce qui s'est énoncé jusqu'à présent vaudrait comme effet-symptôme de son évitement? On a beau le savoir, se l'entendre dire n'est pas la même chose. D'où le nécessaire mutisme sur la jouissance de ces femmes-statues, les seules acceptables dans la logique de son désir.

« Qu'est-ce à dire? – sinon qu'un champ qui n'est tout de même pas rien se trouve ainsi ignoré. Ce champ est celui de tous les êtres qui assument le statut de la femme – si tant est que cet être assume quoi que ce soit de son sort. »

Comment le pourrait-il – cet « être » –, puisqu'il est

assigné dans un discours qui exclut, et par « essence », qu'il puisse s'y dire ?

Il s'agirait donc de statuer sur son rapport au « corps », et sur la façon dont les sujets peuvent en jouir. Problème économique délicat, car le non-sens y est tapi. « Autrement dit, ce dont il s'agit, c'est que l'amour soit impossible, et que le rapport sexuel s'abîme dans le non-sens, ce qui ne diminue en rien l'intérêt que nous devons avoir pour l'Autre. »

Il convient donc d'y aller prudemment — au lit. « On est réduit simplement à une petite étreinte, comme ça, à prendre un avant-bras ou n'importe quoi d'autre — ouille! »

Même pour si peu ? Douleur ? Surprise ? Déchirement ? Sans doute, cette partie n'était-elle pas encore « corporéisée de façon signifiante » ? Pas assez transmuée en « substance jouissante » ?

« N'est-ce pas là ce que suppose proprement l'expérience psychanalytique ? — la substance du corps, à condition qu'elle se définisse seulement de ce qui se jouit. Propriété du corps vivant sans doute, mais nous ne savons pas ce que c'est d'être vivant sinon seulement ceci, qu'un corps cela se jouit. Cela ne se jouit que de le corporéiser de façon signifiante. Ce qui implique quelque chose d'autre que le *partes extra partes* de la substance étendue. Comme le souligne admirablement cette sorte de kantien qu'était Sade, on ne peut jouir que d'une partie du corps de l'Autre, pour la simple raison qu'on n'a jamais vu un corps s'enrouler complètement jusqu'à l'inclure et le phagocyter, autour du corps de l'Autre. » Ce qui est en jeu, c'est donc « le *jouir d'un corps,* d'un corps qui, l'Autre, le symbolise, et comporte peut-être quelque chose de nature à faire mettre au point une autre forme de substance, la substance jouissante ».

« Ouille!... », de l'autre côté. Par où va-t-il falloir en passer pour assurer cette trans-formation ? Comment, combien de fois, va-t-il falloir être découpée en « parties », « martelée », « refrappée »,... pour devenir assez signifiante ? Assez substantielle ? Tout ça sans en rien savoir. A peine un éprouver...

Mais « jouir a cette propriété fondamentale que c'est en somme le corps de l'un qui jouit d'une part du corps de l'Autre. Mais cette part jouit aussi — cela agrée à l'Autre plus ou moins, mais c'est un fait qu'il ne peut y rester indifférent ».

C'est un fait. Cela agrée plus ou moins. Mais là ne semble pas être — pour lui — la question. Elle se situe plutôt dans le moyen du plus-de-jouir d'un corps.

Plus-de-jouir? Plus-value? Cette prime de plaisir dans la connaissance ne devrait pas — si possible... — faire oublier le temps pour comprendre. Si vous sautez ce temps, votre ignorance donne un plus-de-jouissance à la/sa logique. Donc un moins-de-jouir, sinon de son savoir. Dont il jouit — quand même... — plus que vous. Vous laissant séduire trop vite, étant trop précocement satisfaits (?), vous êtes complices de la plus-value dont sa parole bénéficie à votre corps défendant.

Le plus-de-jouir concerne, en ce temps, le corps — de l'Autre. Soit, pour le sujet, un plus-de-jouir de ce qui le cause, en tant qu'être parlant.

Ce n'est donc pas de son corps qu'il s'agit, « la chère femme », mais de ce qu'on lui fait supporter du fonctionnement du langage qui ne se sait pas. Comprenez, pour elle, son ignorance quant à ce qui lui arrive...

Ce qu'il explique d'ailleurs : « C'est de là que je dis que l'imputation de l'inconscient est un fait de charité incroyable. Ils savent, ils savent, les sujets. Mais enfin tout de même, ils ne savent pas tout. Au niveau de ce pas-tout, il n'y a plus que l'Autre à ne pas savoir. C'est l'Autre qui fait le pas-tout, justement en ce qu'il est la part du pas-savant-du-tout dans ce pas-tout. Alors, momentanément, ça peut être commode de le rendre responsable de ceci, à quoi aboutit l'analyse de la façon la plus avouée à ceci près que personne ne s'en aperçoit, — si la libido n'est que masculine, la chère femme, ce n'est que de là où elle est toute, c'est-à-dire là d'où la voit l'homme, rien que de là que la chère femme peut avoir un inconscient. »

C'est dit : la femme n'a d'inconscient que celui que lui donne l'homme. La maîtrise s'avoue très clairement, à ceci près que personne ne s'en aperçoit. Jouir d'une femme, psychanalyser une femme, revient donc, pour un homme, à se réapproprier l'inconscient qu'il lui a prêté. Elle continue néanmoins à payer, et encore... en corps.

Dette intolérable dont il s'acquitte en fantasmant que, de son corps à lui, elle veut prendre le morceau qu'il estime du plus grand prix. A son tour, il saute un temps logique. Si elle veut quelque chose, c'est en fonction de l'inconscient qu'il lui a « imputé ». Elle ne veut rien que ce qu'il lui attribue comme vouloir. S'il oublie ce moment de constitution du prédicat – de ses prédicats –, il risque d'en perdre la jouissance. Mais n'est-ce pas ainsi que s'assure la relance de son désir?

« Et à quoi ça lui sert? » A qui? « Ça lui sert, comme chacun sait, à faire parler l'être parlant, ici réduit à l'homme, c'est-à-dire – je ne sais si vous l'avez bien remarqué dans la théorie analytique – à n'exister que comme mère. »

Matrice, inconsciente, du langage de l'homme, elle n'aurait, quant à elle, de rapport à « son » inconscient que marqué d'une irréductible désappropriation. Dans l'absence, l'extase,... le silence. L'ek-sistance en deçà ou au delà de tout sujet.

Comment, de tels ravissements, revient-elle à la société des hommes? « A cette jouissance qu'elle n'est pas-toute, c'est-à-dire qui la fait quelque part absente en tant que sujet, elle trouvera le bouchon de ce " a " que sera son enfant. »

Hé oui... Encore... Sans enfant, pas de père? Ni de solution, selon la loi, au désir de la femme? Pas de re(n)fermement possible de cette question dans une fonction maternelle reproductrice de corps-bouchons colmatant, solidement, la brèche de l'absence de rapports sexuels. Et l'abîme dont elle menace indéfiniment toute construction sociale : symbolique ou imaginaire. A quoi? à qui? servent donc ces « a » bouchons?

Tout, en tout cas, plutôt qu'elle ne soit « sujet », c'est-à-dire qu'elle puisse désordonner de sa parole, de son désir, de *sa* jouissance, le fonctionnement du langage qui fait loi. De l'économie du pouvoir en place.

Il lui sera même concédé un rapport privilégié à « Dieu » pourvu qu'elle la boucle. Entendez : la circulation phallique. Qu'en restant absente en tant que « sujet », elle leur en laisse, et même leur en assure, la maîtrise. C'est pourtant un peu risqué comme opération... Si elle allait y découvrir la cause de leur cause? Dans la jouissance de « cette *elle* qui n'existe pas et ne signifie rien »? Cette « elle » qu'elles pourraient bien entendre, un jour, comme la projection sur cet « être » in-fans — qu'elles représentent pour lui — de son rapport au nihilisme.

Car ils ne savent pas tout les sujets. Et, du côté de la cause, ils pourraient bien se laisser déborder d'en avoir trop fait supporter à l'Autre. L'ennui, c'est qu'ils ont, encore, la loi pour eux, et qu'ils n'hésitent pas, le cas échéant, à employer la manière forte...

☆

Il n'y aurait donc pas, *pour les femmes,* de loi possible de leur jouissance. Pas plus que de discours. Cause, effet, finalité,... la loi et le discours font système. Et si les femmes — selon lui — de leur jouissance ne peuvent rien dire, rien savoir, c'est qu'elle ne peut en rien s'ordonner dans et par un langage qui serait à quelque titre le leur. Ou... le sien?

La jouissance des femmes serait — pour elles, mais toujours selon lui — irréductiblement an-archique et a-téléologique. L'impératif qui leur serait imposé — mais uniquement de l'extérieur, et non sans violence — étant « jouis sans loi ». C'est-à-dire, selon la science psychanalytique, sans désir. Fortuite, accidentelle, inopinée — « supplémentaire » à l'essentiel — surviendrait cet étrange état de « corps » qu'ils appelleraient leur jouissance. Dont elles ne sauraient rien, ne jouiraient — donc — pas vraiment. Mais qui les excéderait, eux, dans leur économie phallique. Sorte d'« éprouver », d'épreuve? qui les « secouerait », voire les « secourrait », quand ça leur arrive.

Pas tout à fait par hasard quand même : ils ne pourraient s'en passer comme preuve de l'existence d'un rapport entre le corps et l'âme. Comme symptôme de l'existence d'un « composé substantiel », d'une « union substantielle entre l'âme et le corps », dont « la substance jouissante » viendrait assurer la fonction?

Aucun intelligible ne pouvant, seul, la réaliser, cette (é)preuve resterait à la charge du sensible. Ainsi : de la jouissance de la femme. L'afemme. D'un corps-matière marqué par leurs signifiants et support de leurs âmes-fantasmes. Lieu d'inscription de leur encodage comme sujets parlants et de projection des « objets » de leur désir. La scission et fente entre ces deux là, transféré(e)s sur son corps, faisant qu'elle jouirait – quand même –, mais que cela n'empêcherait pas qu'elle soit, ou se croit, « frigide ». Jouissance sans jouissance : secousse d'un reste de corps-matière « silencieux » qui la secouerait par intervalles, interstices, mais dont elle ne saurait rien. Rien « dire » de ce jouir quand même, donc ne pas en jouir. Voilà en quoi elle supporte, pour eux, la double fonction de l'impossible et de l'interdit.

S'il y a donc – encore – de la jouissance féminine, c'est que les hommes en ont besoin pour se maintenir dans leur existence. Il leur est *utile,* pour supporter l'intolérable de leur monde en tant qu'êtres parlants, d'avoir une âme à ce monde étrangère : fantasmatique. Et néanmoins – qualités âmusantes pour ce qu'il en est du fantasme – « patiente et courageuse ». On voit vite à qui la garde de ce fantasme incombe. Les femmes n'ont pas d'âme : elles sont la caution de celle des hommes.

Mais il ne suffit pas, bien sûr, que cette âme reste simplement extérieure à leur univers. Il faut aussi qu'elle se réarticule au « corps » du sujet parlant. Il est *nécessaire* que la jonction de l'âme – fantasmatique – et du corps – transcrit de langage – se réalise grâce à leurs « instruments » : dans la jouissance féminine.

L'alibi de cette opération, un peu spiritualistement âmoureuse, sera qu'elle ne s'atteint par/pour l'homme que dans la perversion. Cela fait, du moins en apparences, plus diabolique que la contemplation de l'Être suprême. Reste à savoir en quoi cela en tranche radicalement. Au plus, cela ne feint-il pas son différer? Le décorum pervers s'interpose.

Mais ils affirment qu'elles ne peuvent rien dire de leur jouissance. C'est avouer la limite de leur propre savoir. Car « quand on est homme, on voit dans la partenaire ce dont on se supporte soi-même, ce dont on se supporte narcissiquement ».

Dès lors, cette jouissance ineffable, extatique, ne tient-elle pas lieu, pour eux, d'un Être suprême, dont ils ont besoin narcissiquement, mais qui se dérobe, finalement, à leur savoir? N'occupe-t-elle pas — pour eux — la fonction de Dieu? A charge, pour elles, d'être assez discrètes pour ne pas les perturber dans la logique de leur désir. Car Dieu, il faut bien que ça soit pour que les sujets parlent, voire en parlent. Mais « Il » n'a, quant à « Lui », rien à dire à ce(s) sujet(s). Aux hommes, d'édicter ses lois. Et de le soumettre, notamment, à leur éthique.

La jouissance sexuelle s'abîme donc dans le corps de l'Autre. Elle se « produit » de ce que l'Autre échappe, pour une part, au discours.

A cette crise discursive supplée le phallisme : qui se soutient de l'Autre, se nourrit de l'Autre, se désire de l'Autre, tout en ne s'y rapportant jamais comme tel. Une barre, une coupure, un découpage fantasmatique, une économie signifiante, un ordre, une loi, règlent la jouissance du corps de l'Autre. Dès lors soumis(e) à l'énumération : un(e) par un(e).

Elles seront prises, éprouvées, une par une, pour éviter le non-sens. Au pas-toute de la femme dans le dicible du discours répond la nécessité de les avoir, du moins en puissance, toutes, pour leur faire supporter la faille de ce qui ne peut se dire, tout en disposant, quand même, de cette substance — dernière née — appelée jouissante. Le manque au discours du corps de l'Autre se transforme en intervalles entre elles toutes. L'ek-stase de l'Autre par rapport au langage prononçable — qui bien sûr doit subsister comme cause du encore-jouir — se modère, se mesure, se maîtrise dans le dénombrement des femmes.

Mais cette faille, cette béance, ce trou, cet abîme — dans le fonctionnement du discours — vont se trouver aussi recouverts d'une autre substance : l'étendue. Soumise à la prospection de la science moderne. « La fameuse substance étendue, complément de l'Autre (pensante), on ne s'en débarrasse pas non plus si aisément, puisque c'est l'espace moderne, substance de pur espace, comme on dit pur esprit, on ne peut pas dire que ce soit prometteur. »

Le lieu de l'Autre, le corps de l'Autre, vont dès lors s'orthographier dans la topo-logie. Au plus près de la coalescence du discours et du fantasme va se rater, dans la vérité d'une ortho-graphie de l'espace, la possibilité du rapport sexuel.

Car remettre l'accent sur l'espace, c'était, peut-être? redonner sa chance à la jouissance de l'autre — femme. Mais vouloir, encore, en faire la science revient à la ramener dans la logique du sujet. A redonner de l'en-plus au même. A réduire l'autre à l'Autre du Même. Ce qui pourrait aussi s'interpréter comme soumission du réel à l'imaginaire du sujet parlant.

Mais la jouissance la plus assurée n'est-elle pas de parler d'amour? Qui plus est, pour en dire le vrai?

« Parler d'amour, en effet, on ne fait que ça dans le discours psychanalytique. Et comment ne pas sentir qu'au regard de tout ce qui peut s'articuler depuis la découverte du discours scientifique, c'est, pure et simple, une perte de temps? Ce que le discours analytique apporte — et c'est peut-être ça, après tout, la raison de son émergence en un certain point du discours scientifique —, c'est que parler d'amour est en soi une jouissance. »

Celle à laquelle se tiendraient les psychanalystes? Eux qui savent — du moins ceux qui sont en mesure de savoir quelque chose — qu'il n'y a pas de rapport sexuel, que ce qui y supplée depuis des siècles — qu'on se rapporte à toute l'histoire de la philosophie —, c'est l'amour. Celui-ci étant un effet de langage, ceux qui savent peuvent s'en tenir directement à la cause. Cause, donc, toujours...

Et cet amusement homosexuel n'est pas prêt de s'épuiser. Puisqu'« il n'y a pas », qu'« il est impossible de poser le rapport sexuel. C'est en cela que se tient l'avancée du discours psychanalytique, et c'est par là qu'il détermine ce qu'il en est du statut de tous les autres discours. »

Qu'il n'y ait pas de *comme tel* du rapport sexuel, qu'il ne soit pas *posable,* on ne peut que souscrire à de telles affirmations. C'est dire que le discours de la vérité, discours de la « dé-monstration », ne peut prendre dans l'économie de sa logique le rapport sexuel. Dire, pour autant, qu'il n'y a pas de rapport sexuel possible, n'est-ce pas prétendre que de ce *logos* on ne sort pas, et qu'il est assimilé au seul discours du connaître?

N'est-ce pas, dès lors, tenir pour an-historique le privilège historique du *(dé)montrable,* du *thématisable,* du *formalisable?* La psychanalyse resterait prise dans le discours de la vérité? Parlant d'amour, comme il s'est toujours fait. Avec un peu plus de science? D'instrument pour un jouir? Ainsi réenchaîné au seul acte de parole? Façon la plus sûre de perpétuer l'économie phallique. Laquelle, bien sûr, a partie liée avec celle de la vérité.

Pour les femmes, cela ferait problème. Elles qui savent si peu. Surtout en ce qui concerne leur sexe. Qui ne – leur – dirait rien. Ce n'est que par la jouissance du « corps » – de l'Autre? – qu'elles articuleraient quelque chose. Mais ils n'y entendraient rien, parce que ce dont ils jouissent, c'est de la jouissance de l'organe : l'obstacle phallique.

Aux femmes, la jouissance du « corps »; aux hommes, celle de l'« organe ». Le rapport entre les sexes aurait lieu à l'intérieur du Même. Mais une barre – ou deux? – le couperait en deux – ou trois : qui ne s'assembleraient plus que dans le fonctionnement du discours. Vérité de la conscience, vérité du « sujet » de l'inconscient, vérité du silence du corps de l'Autre.

L'acte sexuel entre ce qui peut ou ne peut pas se dire de l'inconscient – distinction des sexes en fonction de leur habitation dans ou par le langage – se réaliserait au mieux dans la séance d'analyse. Cela raterait partout ailleurs. Du fait de cette répartition des sexes dans le rapport : à la barre.

Barre qui, bien sûr, garde la feinte qu'il y a de l'autre. Qu'il est irréductible au même. Puisque le sujet ne peut en jouir comme tel. Que l'autre se manque toujours. Peut-il y avoir meilleure assurance qu'il y a de l'autre? De l'Autre du Même.

Car, à définir ainsi les sexes, n'est-on pas reconduit à la traditionnelle partition entre intelligible et sensible? Que celui-ci se trouve, éventuellement, pourvu d'une majuscule signe sa subordination à l'ordre intelligible. C'est, d'ailleurs, en tant qu'il est le lieu d'inscription des formes. Ce qui ne doit jamais se savoir simplement.

L'Autre serait soumis à l'inscription sans en rien savoir. Comme, déjà, chez Platon? Le « réceptacle » reçoit les marques de tout, comprend tout – sauf lui-même –, sans que son rapport à l'intelligible soit jamais établi, en vérité. Le réceptacle peut tout reproduire, tout « mimer », à lui seul près : matrice du mimétisme. Le réceptacle saurait donc de quelque façon tout – puisqu'il reçoit tout – sans en savoir quelque chose, et surtout sans se savoir lui-même. Et sa fonction quant au langage, quant au signifiant en général, lui serait inaccessible du fait qu'il aurait à en être le support (encore sensible). Ce qui rendrait étrange son rapport à l'ek-sistance. Ek-sistant par rapport à toute forme (de) « sujet », il n'existerait pas en lui-même.

La relation à l'Autre de/par/dans/à travers... l'Autre est impossible : « Il n'y a pas d'Autre de l'Autre. » Ce qui peut s'entendre comme : il n'y a pas de méta-langage, à ceci près que l'Autre *en tient déjà lieu,* suspendant dans son ek-sistance la possibilité d'un(e) autre. Car, s'il y avait de l'autre – sans ce saut, forcément ek-statique, de la majuscule –, toute l'économie auto-érotique, auto-positionnelle, auto-réflexive,... du sujet ou du « sujet » s'en trouverait dérangée, affolée. L'impossible « auto-affection » de l'Autre par lui-même – de l'autre par elle-même? – serait la condition de possibilité de formation de ses désirs par tout sujet. L'Autre sert de matrice à ses signifiants, et telle serait la cause de son désir. De la valeur, aussi, de ses/ces instruments pour se ressaisir de ce qui ainsi le détermine. Mais la jouissance de l'organe comme tel le couperait finalement ce à quoi il tend. L'organe lui-même, formel, actif, se prend pour fin, et rate ainsi sa copulation avec la « matière sensible ». Le privilège du pouvoir technique fait du phallus l'obstacle au rapport sexuel.

D'ailleurs, le seul rapport désiré serait à la mère : au « corps » matrice-nourrice des signifiants. L'anatomie, au moins, n'encombre plus la répartition des rôles sexuels... A ceci près que : comme il n'y a pas de femme possible pour le désir de l'homme, comme la femme ne se définit que de ce qu'il lui fait supporter du discours, et surtout de sa faille, « à cette jouissance qu'elle n'est pas-toute, c'est-à-dire qui la fait quelque part absente d'elle-même, absente en tant que sujet, elle trouvera le bouchon de ce « a » que sera son enfant ».

Cette citation vaut bien d'être entendue plusieurs fois : l'anatomie s'y réintroduit sous le mode de la production nécessaire de l'enfant. Postulat moins scientiste mais plus strictement métaphysique que dans la théorie freudienne.

Et que la femme n'existe pas, « s'il y a un discours qui vous le démontre, c'est bien le discours analytique, de mettre en jeu ceci, que la femme ne sera prise que *quoad matrem*. La femme n'entre en fonction dans le rapport sexuel qu'en tant que la mère ».

Que la femme ne soit « prise que *quoad matrem* » est inscrit dans toute la tradition philosophique. C'est même une de ses conditions de possibilité. Une des nécessités, aussi, de son fondement : c'est à la terre-mère-nature (re)productrice que la production du *logos* va tenter de reprendre son pouvoir, en relevant la puissance du/des commencement(s) dans le monopole de l'origine.

La théorie psychanalytique énonce donc la vérité sur le statut de la sexualité féminine, et du rapport sexuel. Mais elle s'y tient. Refusant d'interpréter les déterminations historiques de son discours — « ...cette chose que je déteste pour les meilleures raisons, c'est-à-dire l'Histoire » —, et notamment ce qu'implique la sexuation jusqu'à présent exclusivement masculine de l'application de ses lois, elle reste prise dans le phallocentrisme, dont elle prétend faire une valeur universelle et éternelle.

☆

Resterait donc la jouissance du parler d'amour. Jouissance, déjà et encore, de l'âme antique. Dont la théorie psychanalytique tenterait d'élaborer la science. Pour un plus-de-jouir? Mais de quoi? De qui? Et, entre qui et qui?

Question impertinente : la jouissance ne serait jamais dans le rapport. Si ce n'est au même. Jouissance narcissique que le maître, de se croire l'unique, confond avec celle de l'Un.

Comment, dès lors, peut-il y avoir amour, ou jouissance de l'autre? Sinon en s'en parlant. Circonscrivant l'abîme de la théologie négative, pour se ritualiser dans un style — d'amour courtois? Frôlant l'Autre comme limite, mais se le réappropriant dans les figures, les ciselages, les signifiants, des/les lettres d'amour. S'emparant, se parant, s'engouffrant, se jaculant, de l'Autre, pour se parler : ce parler d'amour. S'en parlant de l'Autre dans le discours, pour se parler d'amour.

Or, faut-il rappeler que, selon lui, « l'amour courtois apparaît au point où l'âmusement homosexuel était tombé dans la suprême décadence, dans cette espèce de mauvais rêve impossible dit de la féodalité. A ce niveau de dégénérescence politique, il devait devenir perceptible que, du côté de la femme, il y avait quelque chose qui ne pouvait plus du tout marcher. »

Le fief, maintenant, c'est le discours. « Le mauvais rêve impossible dit de la féodalité » n'a pas cessé de tenter d'y imposer son ordre. Il redoublerait plutôt en subtilité dans les objets et modes d'appropriation. Dans les façons de (re)définir les domaines. De circonvenir ceux qui auraient déjà territoires, seigneurs et vassaux.

De ce point de vue, le discours psychanalytique, en tant « qu'il détermine ce qu'il en est réellement du statut de tous les autres discours » aurait des chances de l'emporter en empire. Repassant sous les clôtures, remaniant les champs, rééavaluant leurs codes au regard d'un autre ordre — celui de l'inconscient, il étendrait sa domination sur ou sous tous les autres.

Tant de puissance lui fait oublier parfois qu'elle ne lui revient qu'au prix de renoncer à un certain modèle de maîtrise et d'asservissement. Or, ce discours, comme tous les autres, plus que tous les autres?, qu'il reproduit en appliquant leur logique au rapport sexuel, perpétue l'assujettissement de la femme. Femme qui n'aurait plus lieu qu'à l'intérieur même du fonctionnement discursif, tel un inconscient soumis à l'inexorable silence d'un réel immuable.

Plus n'est besoin, dès lors, qu'elle soit là pour lui faire la cour. Le rituel de l'amour courtois peut se jouer dans le seul langage. Un style y suffit. Qui aux failles dans le dire, aux pas-toute dans le discours, à la béance de l'Autre, au midit, voire à la vérité, fait égards et attentions. Non sans coquetteries, séductions, intrigues, énigmes, et encore... jaculations — dont la précocité est plus ou moins retardée par leur passage dans le langage — ponctuant les temps d'identification à la jouissance de la dame. « Façon tout à fait raffinée de suppléer à l'absence de rapport sexuel en feignant que c'est nous qui y mettons obstacle. »
« L'amour courtois, c'est pour l'homme, dont la dame était entièrement, au sens le plus servile, la sujette, la seule façon de se tirer avec élégance de l'absence de rapport sexuel. »

Ce rapport étant toujours impossible, au dire du psychanalyste, il faut bien que des procédés de plus en plus « élégants » se façonnent pour y suppléer. La question, c'est qu'ils prétendent faire loi de cette impuissance même, et continuer d'y soumettre les femmes.

LA « MÉCANIQUE »
DES FLUIDES

Se propage déjà – à quelle vitesse? dans quels milieux? malgré quelles résistances?... – qu'elles se diffuseraient selon des modalités peu compatibles avec les cadres du symbolique faisant loi. Ce qui n'irait pas sans occasionner quelques turbulences, voire quelques tourbillons, qu'il conviendrait de relimiter par des principes-parois solides, sous peine qu'ils ne s'étendent à l'infini. Allant même jusqu'à perturber cette instance tierce désignée comme le réel. Transgression et confusion de frontières, qu'il importerait de ramener au bon ordre...

☆

Il faut donc faire retour à « la science » pour lui poser quelques questions *. Ainsi celle de son *retard, historique, quant à l'élaboration d'une « théorie » des fluides,* et de ce qui s'ensuit comme aporie dans la formalisation, aussi, mathématique. Laissé pour compte qui sera éventuellement imputé au réel [1].

Or, si l'on interroge les propriétés des fluides, on constate que ce « réel » pourrait bien recouvrir, pour une bonne part, *une réalité physique* qui résiste encore à une symbolisation adéquate et/ou qui signifie l'impuissance de la logique à reprendre dans son écriture tous les caractères de la nature. Et il aura souvent fallu réduire certains de ceux-ci, ne les/l'envisager qu'au regard d'un statut idéal, pour qu'ils/elle n'enraye pas le fonctionnement de la machinerie théorique.

Mais quel départage entre un langage toujours soumis aux postulats de l'idéalité et un empirique déchu de toute symbolisation se perpétue là? Et comment méconnaître qu'au regard de cette césure, de cette schize assurant la pureté

* Il serait nécessaire de se reporter à quelques ouvrages sur les mécaniques des solides et des fluides.
1. Cf. la signification du « réel » dans les *Écrits* et *Séminaires* de Jacques Lacan.

du logique, le langage reste forcément méta- « quelque chose »? Non pas simplement dans son articulation, prononciation, ici et maintenant, par un sujet mais parce que ce « sujet » répète déjà, du fait de sa structure et à son insu, des « jugements » normatifs sur une nature résistante à cette transcription.

Et, comment empêcher que l'inconscient même (du) « sujet » ne soit prorogé comme tel, voire réduit dans son interprétation, par une systématique qui re-marque une « inattention », historique, aux fluides? Autrement dit : quelle structuration du/de langage n'entretient pas une *complicité de longue date entre la rationalité et une mécanique des seuls solides?*

Sans doute, l'accent s'est déplacé de plus en plus de la définition des termes à l'analyse de leurs relations (la théorie de Frege [2] en est un exemple parmi d'autres). Ce qui conduit même à admettre *une sémantique des êtres incomplets :* les symboles fonctionnels.

Mais, outre que l'indétermination ainsi admise dans la proposition est soumise à une implication générale de type *formel* — la variable ne l'est que dans les limites de l'identité de(s) forme(s) de la syntaxe —, un rôle prépondérant est laissé au *symbole d'universalité* — au quantificateur universel —, dont il faudra interroger les modalités de recours au géométrique.

Donc le « tout » — de x, mais aussi du système — aura déjà prescrit le « pas-toute » de chaque mise en relation particulière, et ce « tout » ne l'est que par une définition de l'extension qui ne peut se passer de projection sur un espace-

---

2. Théorie à laquelle il conviendrait de redemander : comment elle passe du zéro au un; quelle est la fonction de la négation de la négation, de la négation de la contradiction, de la double réduction, opérée par le successeur; d'où se décrète que l'objet n'existe pas; d'où s'emprunte le principe d'équivalence qui veut que le non-identique à soi-même soit défini comme concept contradictoire; pourquoi est éludée la question du rapport d'une classe zéro à un ensemble vide; et, bien sûr, en vertu de quelle économie de la signification y est privilégiée l'*Einheit;* soit, encore, que laisse en reste du « sujet » une représentation purement objective.

plan « donné », dont l'entre, les entre(s), seront évalués grâce à des repères de type ponctuel.

Le « lieu » aura ainsi été de quelque façon planifié et ponctué pour calculer chaque « tout », mais encore le « tout » du système. A moins de le laisser s'étendre à l'infini, ce qui rend a priori impossible toute estimation de valeur et des variables et de leurs relations.

Mais ce lieu – du discours – où aura-t-il trouvé son *« plus grand que tout »* pour pouvoir ainsi se form(alis)er? Se systématiser? Et ce plus grand que « tout » ne va-t-il pas faire retour de sa dénégation – de sa forclusion? – sous des modes encore théo-logiques? Dont il reste à articuler le rapport au « pas-toute » : *Dieu ou la jouissance féminine.*

En attendant ces divines retrouvailles, l'afemme (n') aura servi (que) de *plan projectif* pour assurer la totalité du système – l'excédant de son « plus grand que tout » –, de *support géométrique* pour évaluer le « tout » de l'extension de chacun de ses « concepts » y compris encore indéterminés, d'*intervalles* fixés-figés entre leurs définitions dans la « langue », et de possibilité de *mise en relations particulières* entre eux.

Ce qui est réalisable en vertu de son caractère « fluide », qui l'a dépourvue de toute possibilité d'identité à soi dans une telle logique. L'afemme, paradoxalement?, servirait ainsi de *liaison copulative* dans la proposition. Mais cette copule serait déjà appropriée à un projet de formalisation exhaustive, déjà assujettie à la constitution du discours du « sujet » en ensemble(s). Et qu'il y ait possibilité de plusieurs systèmes modulant l'ordre des vérités (du sujet) ne contrarie pas le postulat d'une équivalence syntaxique entre ces différents systèmes. Qui tous auront exclu de leur mode de symbolisation *certaines propriétés des fluides réels.*

Ce qui n'aura pas été interprété de l'économie des fluides – les résistances opérées sur les solides, par exemple – sera finalement rendu à Dieu. La non-considération des propriétés des fluides *réels* – frottements internes, pressions, mouvements, etc., c'est-à-dire *dynamique spécifique* – aboutira à rendre le réel à Dieu, ne reprenant dans la mathématisation des fluides que les caractères idéalisables de ceux-ci.

Ou encore : des considérations de mathématiques pures n'auront permis l'analyse des fluides que selon des plans lamellaires, des mouvements solénoïdaux (d'un courant privilégiant le rapport à un axe), des points-sources, des points-puits, des points-tourbillons, qui n'ont à la réalité qu'une relation approximative. En laissant de *reste*. Jusqu'à *l'infini* : le centre de ces « mouvements » correspondant à zéro y suppose une vitesse infinie, *physiquement inadmissible*. Ces fluides « théoriques » auront certes fait progresser la technicité de l'analyse, aussi mathématique, en y perdant quelque rapport à *la réalité des corps*.

Que s'ensuit-il pour « la science » et la pratique psychanalytique ?

Et si l'on objecte que la question ainsi soulevée est par trop étayée sur des métaphores, il sera facile de répondre qu'elle récuse plutôt le privilège de la métaphore (quasi solide) sur la métonymie (qui a bien plus partie liée avec les fluides). Ou – suspendant la sanction de véritable(s) de ces « catégories » et « oppositions dichotomiques » de nature métalinguistique – que : de toute manière tout langage est (aussi) « métaphorique »[3], et, qu'à s'en défendre, il méconnaît le « sujet » de l'inconscient et refuse de s'interroger sur la soumission, encore actuelle, de celui-ci à une symbolisation qui accorde la *préséance au solide*.

Ainsi, si toute économie psychique s'organise en fonction du phallus (ou Phallus), on pourra se demander ce que ce primat doit à une téléologie de résorption du fluide dans une forme consistante. Les défaillances du pénis n'y contre-

3. Mais, là encore, il faudra revenir sur le statut du métaphorique. Y interroger les lois d'équivalence à l'œuvre. Et suivre ce que devient la « similitude » dans cette opération particulière d' « analogie » (complexe de forme-matière) applicable au domaine physique, et requise pour l'analyse des propriétés des fluides réels. Ni vague ni rigoureuse à la manière géométrique, elle entraîne un remaniement du sens, qui est loin d'être achevé.

disant pas : il ne serait que le représentant empirique d'un modèle de fonctionnement idéal, vers l'être ou l'avoir duquel tendrait tout désir. Ce qui n'est pas dire que le phallus ait un simple statut d'« objet » transcendantal, mais qu'il domine, en clé de voûte, un système de l'économie du désir marqué d'idéalisme.

Et, certes, le « sujet » ne peut-il s'en démettre d'un seul coup de force. Certaines naïvetés sur la conversion (religieuse?) – aussi du langage – au matérialisme en sont les preuves-symptômes.

De là à normer le psychisme selon des lois qui soumettent le sexuel au pouvoir absolu de la forme...

Car n'est-ce pas de cela qu'il s'agit encore? Et comment, tant que durera cette prérogative, y aura-t-il articulation possible de la différence sexuelle? *Ce qui est en excès par rapport à la forme – ainsi, le sexe féminin – étant nécessairement rejeté en-dessous ou au-dessus du système en vigueur.*

« La femme n'existe pas »? Au regard de la discursivité. Reste ses/ces déchets : Dieu et la femme, « par exemple ». D'où cette instance frappée de mutisme, mais éloquente dans son silence : le *réel*.

Pourtant, la femme, ça parle. Mais pas *« pareil »,* pas *« même »,* pas *« identique à soi »* ni à un x quelconque, etc. Pas *« sujet »,* à moins d'être transformée par le phallocratisme. Ça parle « fluide », y compris dans les revers paralytiques de cette économie. Symptômes d'un : ça ne peut plus couler, ni se toucher,... Dont on pourra comprendre qu'elle l'impute au père, et à sa morphologie.

Encore faut-il savoir écouter autrement qu'en bonne(s) forme(s) pour entendre ce que ça dit. Que c'est continu, compressible, dilatable, visqueux, conductible, diffusible,... Que ça n'en finit pas, puissant(e) et impuissant(e) de par cette résistance au nombrable; que ça jouit et pâtit d'être plus sensible aux pressions; que ça change – de volume ou de force, par exemple – suivant le degré de chaleur; que c'est, dans sa réalité physique, déterminé(e) par des frottements entre deux infiniment voisins – dynamique du proche et non du propre, mouvements venant du quasi-contact entre deux unités peu définissables comme telles (coefficient de viscosité qui se compte en poises, de Poiseuille, *sic*), et non énergie d'un système fini ; que ça se laisse facilement traverser par des flux en fonction de sa conductibilité à des courants venant d'autres fluides ou s'exerçant à travers les parois d'un solide ; que ça se mélange avec des corps d'état semblable, s'y dilue parfois de façon quasiment homogène, ce qui rend problématique la distinction de l'un(e) et de l'autre ; et d'ailleurs que ça se diffuse déjà « en soi-même », ce qui déconcerte toute tentative d'identification statique...

La femme ne peut donc pas s'entendre. Et, si tout ce qu'elle dit est de quelque manière du langage, il ne le signifie pas pour autant. Qu'il en tire les conditions de possibilité de son sens est une autre affaire.

Il faut ajouter que *le son* se propage en elle à une vitesse étonnante, au prorata d'ailleurs de son caractère plus ou moins parfaitement in-sensé. Ce qui aboutit à ce que soit l'impact de la signification n'y/n'en arrive jamais, soit qu'elle n'y/n'en parvienne que sous une forme inversée. *Che vuoi,* donc ?

Sans compter la zone de silence à l'extérieur du volume défini par le lieu d'où se projette le discours. Et il faudrait que le sens se diffuse à une vitesse identique à celle du son pour que toutes formes d'enveloppes — espaces de surdité à l'un ou à l'autre — deviennent caduques dans la transmission des « messages ». Mais les petites variations de la célérité du son risquent alors de déformer et de flouer à chaque instant le langage. Et, si l'on plie celui-ci à des lois de similitudes, le découpant en morceaux dont on pourra estimer, comparer, répéter,... l'égalité ou la différence, le son déjà y aura perdu certaines de ses propriétés.

Le fluide — tel cet autre, dedans/dehors du discours philosophique — est, par nature, instable. A moins de le soumettre au géométrisme, ou (?) de l'idéaliser.

La femme ne parle jamais pareil. Ce qu'elle émet est fluent, fluctuant. *Flouant.* Et on ne l'écoute pas, sauf à y perdre le sens (du) propre. D'où les résistances à cette voix qui déborde le « sujet ». Qu'il figera donc, glacera, dans ses catégories jusqu'à la paralyser dans son flux.

« Et voilà, Messieurs, pourquoi vos filles sont muettes. » Même si elles jacassent, prolifèrent pithiatiquement en mots qui ne signifient que leur aphasie, ou le revers mimétique de votre désir. Et les interpréter là où elles n'exhibent que leur mutisme revient à les soumettre à un langage qui les exile toujours plus loin de ce que peut-être elles vous auraient dit, vous soufflaient déjà. Si seulement vos oreilles n'étaient pas si informées, bouchées de sens, qu'elles sont fermées à ce qui ne fait pas de quelque façon écho au préalablement entendu.

En dehors de ce volume déjà circonscrit par la signification articulée dans le discours (du père) rien n'est : *l'afemme. Zone de silence.*

Et l'objet « a »? Comment le définir au regard des propriétés, aussi, des fluides? Puisque cet « objet » renvoie le plus souvent à un état qui est le leur. Lait, flux lumineux, ondes acoustiques,... sans parler des gaz respirés, émis, différemment parfumés, de l'urine, la salive, le sang, le plasma même, etc.

Mais, tels ne sont pas les « a » énumérés dans la théorie. Diront les bien informés. Réponse : les fèces – différemment travesties – auront-elles le privilège de servir de paradigme à l'objet « a »? Faudrait-il alors comprendre cette fonction de modèle – plus ou moins masqué à l'évidence – de l'objet du désir comme résultant du passage, réussi, de l'état fluide à l'état solide? *L'objet même du désir,* et pour des psychanalystes, *serait la transformation du fluide en solide?* Ce qui signe – cela vaut bien une répétition – *le triomphe de la rationalité.* La mécanique des solides entretient avec celle-ci des relations anciennes, auxquelles les fluides n'ont cessé de faire objection.

Dans la même veine de questions, on pourrait (se) demander pourquoi le sperme n'est jamais mis en fonction de « a »? La soumission de celui-ci aux seuls impératifs de la reproduction n'est-elle pas symptomatique d'une prééminence historiquement allouée au (produit) solide? Et si, dans la dyna-

mique du désir, intervient le problème de la castration
– fantasme/réalité d'une amputation, d'un « effritement »
de ce solide que représente le pénis –, la mise en jeu du
fluide-sperme comme faisant obstacle à la généralisation d'une
économie des seuls solides reste en suspens.

Pourtant, les termes qui décrivent la jouissance évoquent
le retour d'un refoulé qui déconcerte la structure de la chaîne
signifiante. *Mais la jouissance – black-out du sens – serait aban-
donnée à la femme.* Ou l'afemme.

L'afemme, oui, puisque la méconnaissance d'une économie spécifique des fluides – de leurs résistances aux solides,
de leur dynamique « propre » – est perpétuée par la science
psychanalytique. Et que de là peut resurgir la *cause de l'afemme,*
mise en position historique où se projette le déchu de toute
spéculation. Reste à voir jusqu'où ira la compressibilité de
ce *résidu.*

Il est vrai que *bon nombre de ses propriétés lui ont été reprises
par le désir, ou la libido* – cette fois accordés par priorité au
masculin. Ceux-ci se déterminent comme *flux.*

Mais le fait d'avoir repris *dans le même* l'instrument solide
et certains caractères des fluides – ne laissant à l'autre que le
reste encore négligé de leurs mouvements réels, les principes
encore inexpliqués d'une énergie plus subtile – pose des
problèmes économiques cruciaux. Les rapports d'échanges
dynamogènes ou de résistances réciproques entre l'un et
l'autre faisant défaut, des choix impossibles s'imposent :
ou l'un ou l'autre. *Ou le désir, ou le sexe.* Ce qui, grâce à l'ancrage du nom-du-père, donnera un sexe « friable » et un
désir « bien formé ».

Ce compromis laisse chaque un mi-solide. La consistance
parfaite du sexe ne lui appartient pas mais, en reconjuguant
celui-ci avec le sens institué par le langage, il retrouve une
quasi-solidité du désir. Cette opération pourrait se désigner
comme *passage à une mécanique des presque-solides.*

La machinerie psychique serait sauve. Elle ronronnerait
régulièrement. Bien sûr, subsistent quelques problèmes

d'entropie, quelques angoisses quant aux ressources d'énergie. Mais il faut faire confiance à la science. Et à la technique. D'autant qu'elles offrent des possibilités d'investissements qui détournent la « libido » de questions plus embarrassantes. Ne serait-ce que de celle de l'ennui pour le « sujet » à répéter encore et toujours la même histoire.

Ce qui sera appelé, pour une part, *pulsion de mort*. Mais si l'on questionne – aussi, et pourquoi pas ? – cette découverte si étrangement étonnante de la psychanalyse, on sera encore amené au constat d'un *double mouvement d'adaptation de certains caractères des fluides à la rationalité et de négligence de l'obstacle que constitue leur dynamique propre.*

Vous n'y croyez pas ? Parce que vous avez besoin-désir de croire en des « objets » déjà solidement déterminés. Soit, encore, en vous-même(s), acceptant le silencieux travail de la mort comme condition au rester indéfectiblement « sujet ».

Mais ce *principe de constance,* auquel vous tenez tant, que « veut-il dire » ? L'évitement des afflux-excitations excessifs ? Venant de l'autre ? La recherche, à tout prix, de l'homéostasie ? De l'auto-régulation ? La réduction, donc, dans la machine des effets de mouvements de/vers son dehors ? Ce qui implique des transformations réversibles *en circuit fermé,* en faisant abstraction de la variable temps, sinon sur le mode de *la répétition d'un état d'équilibre.*

Au « dehors », la machine aura cependant, de quelque façon, emprunté de l'énergie (l'origine de sa force motrice reste, partiellement, inexpliquée, éludée). Et, de quelque manière, le modèle de son fonctionnement. Ainsi, certaines propriétés du « vital » auront été mortifiées dans la « constance », requise pour lui donner forme. Mais cette opération ne peut ni ne doit se représenter – elle serait marquée d'un *zéro* de signe ou de signifiant, dans l'inconscient même – sous peine de subvertir toute l'économie discursive. Celle-ci ne sera sauvée qu'en affirmant que le vivant même tend à se détruire, et qu'il faut le garder de cette auto-agression en liant son énergie dans des mécanismes quasi solides.

Les propriétés des fluides étant, historiquement, abandonnées au féminin, *comment s'articule le dualisme pulsionnel à la différence des sexes?* Comment a-t-on pu seulement « imaginer » que cette économie avait même valeur explicative pour les deux sexes? Sinon en recourant à la nécessité de l'intrication « des deux » dans « le même ».

Et il faudra bien en (re)venir au mode de spécula(risa)tion qui sous-tend la structure du sujet. A « l'assomption jubilatoire de son image spéculaire par l'être encore plongé dans l'impuissance motrice et la dépendance du nourrissage qu'est le petit homme à ce stade *infans* », à cette « matrice symbolique où le *je* se précipite en une forme primordiale », « forme [qui] serait plutôt au reste à désigner comme *je-idéal* », « forme [qui] situe l'instance du *moi,* dès avant sa détermination sociale, dans une ligne de fiction, à jamais irréductible pour le seul individu », « c'est que la forme totale du corps par · quoi le sujet devance dans un mirage la maturation de sa puissance ne lui est donnée que comme *Gestalt,* c'est-à-dire dans une extériorité où certes cette forme est-elle plus constituante que constituée, mais où surtout elle lui apparaît dans un relief de stature qui la fige et sous une symétrie qui l'inverse, en opposition à la turbulence de mouvements dont il s'éprouve l'animer. Ainsi cette *Gestalt* dont la prégnance doit être considérée comme liée à l'espèce, bien que son style moteur soit encore méconnaissable, — par ces deux aspects de son apparition symbolise la permanence mentale du *je* en même temps qu'elle préfigure sa destination aliénante »[4].

Tout un hommage s'endette de cette reconnaissance par un maître du profit et de l' « aliénation » spéculaires. Mais une ad-miration trop plate risque bien de suspendre l'efficace de ce pas de plus.

Il convient donc de s'interroger sur le statut de l'« extériorité » de cette forme « constituante [plus que constituée] » pour le sujet, sur ce en quoi elle fait écran à un autre dehors (un corps autre que cette « forme totale »), sur la mort qu'elle entraîne mais dans un « relief » qui autorise la méprise, sur la « symétrie » qu'elle consacre (comme constituante) et qui

4. Lacan, « Le stade du miroir », in les *Écrits,* pp. 94-95. Je n'ai rien souligné.

fera que le « mirage de la maturation de sa puissance » pour un sujet sera toujours tributaire d'une « inversion », sur la motricité qu'elle paralyse, sur le processus de projection qu'elle met en place – « fiction, à jamais irréductible pour le seul individu »? –, et sur les fantômes qu'elle laisse en reste. Sur ce monde (d')automate(s), qui de Dieu invoque encore le nom, et d'ailleurs la grâce, pour étayer sa mise en branle, et du vivant l'existence pour l'imiter plus parfaitement qu'il n'est possible au naturel.

Car la nature ne manque certes pas d'énergie, mais elle n'est pas pour autant capable de posséder « en elle-même », d'enfermer en une/sa forme totale, la force motrice. Ainsi le fluide est-il toujours en excès, ou en défaut, par rapport à l'unité. Il se soustrait au « *Tu es cela* »[5]. Soit à toute identification arrêtée.

Et, *pour ce qu'il en est de l'organisme, qu'advient-il si le miroir ne donne rien à voir?* De sexe, par exemple. Ainsi pour la fille. Et dire que dans les effets constituants de l'image en miroir « peu important [est] son sexe [du congénère] »[6], et aussi que « l'image spéculaire semble être le seuil du monde visible », n'est-ce pas souligner que le sexe féminin en sera exclu? Et que c'est un corps sexué mâle, ou asexué, qui déterminera les traits de cette *Gestalt,* matrice irréductible à/de l'introduction du sujet dans l'ordre social. D'où son fonctionnement selon des lois si étrangères au féminin? D'où cette « aliénation paranoïaque qui date du virage du *je* spéculaire en *je* social »[7], mais dont la survenue inéluctable était déjà inscrite dans le « stade du miroir ». Le *semblable* s'y préfigurant comme cet *autre du même,* dont le mirage à jamais persécutera le sujet de ce perpétuel procès entre un moi propre et une instance formatrice inappropriable, quoique sienne. Le départage étant désormais indécidable entre qui serait véritablement l'un, qui l'autre, qui doublerait qui, dans ce litige sans fin quant à l'identité à soi.

5. *Idem,* p. 100.
6. *Idem,* p. 95.
7. *Idem,* p. 98.

Mais ces dissensions − intrasubjectives et sociales − auraient déjà laissé derrière elles, dans un temps antérieur, *les refoulements hystériques*. Et leurs effets-signifiants paralytiques. S'ensuivrait-il que la question de l'assomption, jubilatoire ou non, de son image spéculaire par un corps sexué féminin serait vaine? Le désir s'y étant déjà figé, la neutralisation re-marquée par le « stade du miroir » serait une confirmation d'une glaciation « plus archaïque »[8].

☆

Et si, par chance, vous aviez l'impression de n'avoir pas déjà tout compris, alors peut-être laisseriez-vous vos oreilles entr'ouvertes pour ce qui se touche de si près qu'il en confond votre discrétion.

8. *Ibidem.*

QUESTIONS

Depuis l'écriture et la parution de *Speculum,* beaucoup de questions se sont posées. Et ce livre est, en quelque sorte, un recueil de questions. Il ne les reprend pas toutes... Il n'y répond pas « vraiment ». Il en poursuit le questionnement. Il continue d'interroger. Abordant, par des biais différents, ce qui s'est imposé ou donné comme questions. Que dire d'une sexualité féminine « autre » que celle prescrite dans et par le phallocratisme? Comment retrouver, ou inventer, son langage? Comment articuler, pour les femmes, la question de leur exploitation sexuelle à celle de leur exploitation sociale? Quelle peut être, aujourd'hui, la position des femmes par rapport au politique? Doivent-elles ou non intervenir dans ou sur les institutions? Comment peuvent-elles se déprendre de leur emprise dans la culture patriarcale? Quelles questions doivent-elles poser à son discours? A ses théories? A ses sciences? Comment les « dire » pour qu'elles ne soient pas à nouveau « refoulées », « censurées »? Mais, aussi, comment déjà parler femme? En retraversant le discours dominant. En interrogeant la « maîtrise » des hommes. En parlant aux femmes. Et : entre femmes. Ce parler femme peut-il s'écrire? Comment?...

Questions — parmi d'autres... — qui s'interrogent et se répondent à travers ce recueil.

Pourquoi n'en pas laisser certaines dans leur formulation directe? Dans leur parler immédiat? Dans leur langage oral? Même au prix d'y laisser entendre, parfois, quelques gaucheries? D'où cette transcription d'un séminaire qui a eu lieu à Toulouse, dans l'U.E.R. de philosophie, en mars 1975. Les participant(e)s au séminaire m'avaient adressé, par écrit, un ensemble de questions. Sont reprises ici seulement celles qui ont eu le temps d'être interrogées. Le protocole intégral en a été ronéotypé à l'initiative d'Éliane Escoubas.

En annexes, quelques autres questions. Ou les mêmes? Entre l'oral et l'écrit.

☆

— Il y a des questions auxquelles je ne vois vraiment pas comment je pourrais répondre. En tout cas « simplement ». Autrement dit, je ne saurais procéder ici à quelque renversement du rapport pédagogique, où, détenant une vérité sur la femme, une théorie de la femme, je pourrais répondre à vos questions : répondre de la femme devant vous. Je n'apporterai donc pas des définitions à l'intérieur d'un discours questionné.

Il y a néanmoins une question que je vais interroger pour commencer. Elle est d'ailleurs la *première,* et toutes les autres y reconduisent.
C'est : « *Êtes*-vous *une femme?* »
Question type.
Question d'homme? Je ne crois pas qu'une femme — à moins de s'être assimilée aux modèles masculins, et plus exactement phalliques — me poserait cette question.
Parce que « *je* » ne suis pas « je », je ne *suis* pas, je ne suis pas *une.* Quant à *femme,* allez donc savoir... En tout cas, sous cette forme, celle du concept et de la dénomination, sûrement pas. (Cf. aussi questions I et II *)
Autrement dit, à celui qui a posé la question, je ne peux que la renvoyer en disant : c'est votre question.
Que cette question me soit posée me laisse quand même espérer — et c'est le soupçon qui est porté : êtes-*vous* une femme? — que je suis peut-être un peu « ailleurs ».
Est-ce que, quand un homme va parler dans un séminaire, on lui pose comme première question : êtes-*vous* un homme? D'une certaine façon, cela va de soi. On peut éventuellement et indirectement lui demander, ou plutôt penser à part soi : est-ce qu'il est « viril » ou non? Mais lui demander : êtes-vous un homme? Je ne crois pas.
Alors, la question « êtes-*vous* une femme »? veut peut-être dire qu'il y a de l'« autre ». Mais cette question ne peut pro-

* Les « questions » se trouvent en fin de chapitre.

bablement être posée que « du côté de l'homme » et, si tout le discours est masculin, ne peut être posée que sous la forme d'un soupçon. Ce soupçon, je ne tenterai pas de le réduire, puisqu'il peut ouvrir à un autre lieu que celui du fonctionnement actuel du discours.

Je ne sais si celui qui a posé la question désire la relancer ou non?

A. * — *Je n'ai que proposé la question, je n'en ai pas disposé. C'est une femme qui l'a disposée, l'a mise à la première place...*

— Rassurez-vous tout de suite, si c'est possible. Si j'ai choisi de m'arrêter à cette question, cela n'impliquait aucun soupçon de ma part. Je m'en suis saisie, pour essayer de commencer à marquer une *différence*.

Certes, si j'avais répondu : « Comment, monsieur, pouvez-vous avoir de tels soupçons? Il est bien évident que je suis une femme », je serais retombée dans le discours d'une certaine « vérité » et de son pouvoir. Et si je prétendais que ce que je veux essayer d'articuler, de dire ou d'écrire, part de cette *certitude* : je suis une femme, alors je serais de nouveau dans le discours « phallocratique ». J'essayerais peut-être de le renverser, mais j'y resterais incluse.

Je vais plutôt m'efforcer — car on ne peut simplement sauter hors de ce discours — de me situer à ses frontières et de passer, sans arrêt, du dedans au dehors.

« Qu'est-ce qu'une femme? »

A cette question, je crois avoir déjà répondu qu'il n'était pas question de « répondre ». La question « qu'est-ce que?... », c'est la question — métaphysique — à laquelle le féminin ne se laisse pas soumettre. (Cf. questions I et II).

« Par-delà la déconstruction de la théorie freudienne de la féminité, peut-on (pouvez-vous) élaborer un autre concept de la féminité :

---

* Les interlocuteurs sont désignés par des lettres majuscules — A, B, etc., — dans l'ordre de leur entrée en (scène) intervention *(Note du département de philosophie de Toulouse-le-Mirail).*

avec une autre *symbolique,* un autre *inconscient, qui serait " de femme "* (c'est-à-dire *tout* autre *et non l'envers, le négatif, le complément de celui de l'homme). En pouvez-vous ébaucher le contenu?*

Est-ce qu'on peut, est-ce que je peux élaborer un autre concept de la féminité? Il n'est pas question d'un autre *concept* de la féminité.

Prétendre que le féminin puisse se dire sous la forme d'un concept, c'est se laisser reprendre dans un système de représentations « masculin », où les femmes se piègent dans une économie du sens, qui sert à l'auto-affection du sujet (masculin). S'il s'agit bien de mettre en cause la « féminité », il ne s'agit pas pour autant d'élaborer un autre « concept » — à moins pour une femme de renoncer à son sexe et de vouloir parler comme les hommes. Pour élaborer une théorie de la femme, les hommes, je crois, suffisent. Dans un langage de femme(s), le concept comme tel n'aurait pas lieu. (Cf. questions II.)

« *Une autre symbolique...* »? La symbolique, je la laisse pour le moment de côté, parce qu'on va y revenir autrement...

« *Un autre inconscient, qui serait de femme* »? Il me semble que la première question à se poser, c'est de savoir ce qui, dans ce qu'on désigne actuellement comme inconscient, serait du féminin refoulé. Autrement dit, avant de se poser la question d'élaborer un inconscient *autre* par rapport à celui actuellement défini, il convient, peut-être, de se demander si le féminin n'est pas, pour une bonne part, pris dans cet inconscient-là.

Ou encore : avant de vouloir donner un *autre* inconscient à la femme, il faudrait savoir si la femme *a* un inconscient, et lequel? Ou si au féminin ne revient pas, pour une part, ce qui fonctionne sous le nom d'inconscient? Si une certaine « spécificité » de la femme n'est pas refoulée-censurée sous ce qui est désigné comme inconscient? Ainsi, bon nombre de caractérisques dites de l'inconscient peuvent évoquer une économie du désir qui serait, peut-être, « féminine ». Il faudrait, donc, en passer par la question de ce que l'inconscient a emprunté au féminin, avant d'en venir à celle d'un inconscient féminin.

D'ailleurs, à supposer que cette interprétation de l'inconscient soit réalisée, et la définition actuelle de l'inconscient remise en cause, à partir de ce qu'elle masque et méconnaît du désir de la femme, selon quelles modalités subsisterait l'inconscient? Y en aurait-il encore? Pour qui? Peut-être y en aurait-il encore pour l'homme? Mais pour la femme? Autrement dit : *le fonctionnement d'une « symbolique féminine » serait-il d'une nature telle que la constitution d'un lieu du refoulé y soit impliqué?*

Autre question : si l'inconscient est, actuellement et pour une part, du féminin refoulé-censuré de l'histoire, refoulé-censuré de la logique de la conscience, cet inconscient n'est-il pas encore, finalement, une *propriété du discours?* Quels que soient les coups portés par Freud à la logique discursive, l'inconscient ne fait-il pas encore système avec celle-ci? Et cette logique, qui commence d'une certaine façon à s'épuiser, ne se trouve-t-elle pas des *réserves* dans l'inconscient comme dans toute forme d' « autre » : le sauvage, l'enfant, le fou, la femme? Quel est le rapport entre la découverte et la définition de l'inconscient et ces « autres » reconnus-méconnus par le discours philosophique? N'est-ce pas, pour ce discours, une manière de désigner l'autre comme dehors, mais comme dehors qu'il pourrait encore prendre comme « objet », comme « thème », pour en dire la vérité, tout en maintenant dans le refoulement quelque chose de sa différence?

« Puis-je ébaucher le contenu *de ce que serait cet autre inconscient, de femme? »* Non, bien sûr que non, puisque cela suppose de déprendre le féminin de l'économie actuelle de l'inconscient. Ce serait anticiper un certain procès historique, et en enrayer l'interprétation et le mouvement en prescrivant, dès maintenant, des thèmes, des contenus à l'inconscient féminin.

Je pourrais dire quand même qu'une chose a été singulièrement méconnue, à peine ébauchée, dans la théorie de l'inconscient : *le rapport de la femme à la mère et le rapport des femmes entre elles.* Mais serait-ce, pour autant, une esquisse du « contenu » de l'inconscient « féminin »? Non. C'est seulement une question à la façon dont on interprète le fonctionnement de l'inconscient. Pourquoi la théorie et la pratique psychanalytiques sont-elles jusqu'à présent aussi pauvres et aussi réductrices sur ces questions-là? Ces questions peuvent-elles trouver une meilleure interprétation dans une économie et une logique de type patriarcal? Dans la systématique oedipienne qu'elles supposent?

« A quelles conditions cette élaboration est-elle possible? Conditions entendues comme conditions historiques : de l'histoire de l'inconscient et/ou de la psychanalyse, et de l'histoire "politique" "matérielle" (les " deux " histoires pouvant peut-être se désigner comme histoire du désir et de son effectivité). »

Je crois que j'ai déjà commencé à répondre... Sur « et/ou de la psychanalyse », je peux peut-être donner des précisions encore. Il me semble que cette élaboration n'est sûrement pas possible tant que la psychanalyse reste à l'intérieur de son champ. Autrement dit, elle ne peut pas être seulement intra-analytique. Le problème est que la psychanalyse n'interroge pas, ou beaucoup trop peu, ses déterminations historiques. Or, tant qu'elle ne les interroge pas, elle ne peut que répondre toujours de la même façon à la question de la sexualité féminine.

L'insuffisant questionnement des déterminations historiques fait, évidemment, système avec l'histoire politique et matérielle. Tant que la psychanalyse n'interprète pas son emprise dans un certain type de régime de propriété, dans un certain type de discours — pour aller vite : celui de la métaphysique —, dans un certain type de mythologie religieuse, elle ne peut pas se poser la question de la sexualité féminine. Celle-ci ne peut, en effet, se réduire à une question régionale à l'intérieur du champ théorique et pratique de la psychanalyse, mais elle exige l'interprétation du fonds culturel et de l'économie générale sous-jacents à ce champ.

« Si, comme le dit Marx, " l'humanité ne se donne que les tâches qu'elle peut résoudre ", peut-on dire, du fait de l'"" intérêt " actuel pour les femmes, que cette élaboration est déjà en cours de façon pratique (ou théorique?). Et où? »

Si je ne me trompe pas, Marx dit aussi que l'Histoire est le procès d'engendrement de l'homme par lui-même.

Si l'Histoire, c'est le procès d'engendrement de l'homme par l'homme, d'auto-engendrement de l'homme — énoncé qui ne me semble pas exempt de présupposés métaphysiques —, dire que « l'humanité ne se donne que les tâches qu'elle peut résoudre », n'est-ce pas encore et toujours parler des seuls hommes? Pourrait-il en être autrement dans l'Histoire, selon Marx? *

« Peut-on dire que cette élaboration est déjà en cours de façon pratique? (ou théorique?). » Sous cette forme et avec cet appel à Marx, dans un premier temps, je ne peux que répondre : pour les hommes, peut-être... Peut-être que, de façon pratique ou théorique, ils sont en train de résoudre la tâche que représente, pour eux, le problème des femmes. On pourrait en lire le signe-symptôme dans une certaine stratégie politique — de gauche ou de droite —, et dans certains « motifs », ou problématiques aujourd'hui « en honneur », voire « à la mode », sur le marché culturel.

Cela signifie-t-il que la question commence à se résoudre « du côté des femmes »? Je crois que c'est un tout autre problème. Parce que si, de ce seul fait, elle commençait à trouver sa solution du côté des femmes, cela voudrait dire qu'il n'y aura jamais d'*« autre »* femme. L'altérité de la femme serait une fois de plus reconduite et réduite dans un discours et une pratique masculines. Le souci actuel que les hommes prennent des femmes est donc, pour elles, à la fois une nécessité et le risque d'un redoublement d'aliénation : dans leur langage, leur politique, leur économie, au sens restreint et généralisé.

Ce qui est complexe, c'est qu'il ne peut pas y avoir de « discours de la femme » produit par une femme, et que, par ailleurs, à strictement parler, la pratique politique, actuellement en tout cas, est de part en part masculine. Pour que les femmes puissent se faire entendre, une évolution « radicale » du mode de penser et de gestion du politique est nécessaire. Ce qui, bien sûr, ne peut se réaliser d'un « coup ».

Quel est donc le mode d'action aujourd'hui possible pour

* Pour la poursuite de cette question, voir, plus loin, « Le marché des femmes ».

les femmes ? Ne doivent-elles intervenir que de façon marginale par rapport à l'ensemble du fonctionnement social ?

B. — *Qu'est-ce que vous entendez par : « de façon marginale »?*

— Je pense notamment aux *mouvements de libération des
femmes*. Quelque chose s'y élabore du côté du « féminin » et
de ce que seraient les femmes-entre-elles, de ce que pourrait
signifier une « société des femmes ». Si je parle de marginalité, c'est que, d'abord, ces mouvements, pour une part, se
tiennent délibérément à l'écart des institutions et du jeu des
forces au pouvoir, etc. « En dehors » des rapports de pouvoir déjà existants. Parfois même ils refusent l'intervention —
y compris « de l'extérieur » — sur toute institution.

Cette « position » s'explique par les difficultés que ren-
contrent les femmes pour se faire entendre dans des lieux
déjà déterminés dans et par une société qui les a à la fois
utilisées et exclues, et qui continue surtout à ignorer la spécificité de leurs « revendications » tout en reprenant certains
de leurs thèmes, voire slogans. Elle peut se comprendre aussi
par la nécessité, pour les femmes, de constituer un lieu de
l'entre-elles pour apprendre à formuler leurs désirs, en dehors
des pressions et oppressions trop immédiates.

Bien sûr, certaines choses ont été obtenues pour les
femmes, en bonne partie grâce aux mouvements de libération : libéralisation de la contraception, de l'avortement, etc.
Ces acquis permettent de reposer autrement la question de ce
que serait le statut social de la femme — notamment par sa
distinction d'une simple fonction maternelle-reproductrice.
Mais ces apports peuvent, aussi bien, toujours se retourner
contre les femmes. Autrement dit, on ne peut encore parler,
à ce propos, d'une politique féminine, mais seulement de
certaines de ses conditions de possibilité. La première étant
la levée du silence sur l'exploitation subie par les femmes :
le refus de « se taire » pratiqué systématiquement par les
mouvements de libération (Cf. aussi les questions II et III.)

« *S'il faut parler d'une* autre *symbolique, d'un* autre *inconscient
(le faudra-t-il ?), n'est-ce pas un* autre *rêve de (même) symétrie ?* »

C'est une question qui semble signifier qu'il est absolument impensable qu'il y ait de l' « autre ». Que si du « féminin » advenait, il se constituerait forcément sur le même modèle que les « sujets » masculins ont historiquement mis en place. Modèle privilégiant la symétrie comme condition de possibilité de la maîtrise dans la méconnaissance de l'autre. Modèle phallocratique. Car, en fait, le langage « masculin », on ne le connaît pas exactement. Tant que les hommes prétendent dire le tout et définir le tout, comment pourrait-on savoir ce qu'est le langage du sexe masculin? Tant que la logique du discours s'enlève sur l'indifférence sexuelle, sur la soumission d'un sexe à l'autre, comment pourrait-on savoir ce qu'il en est du « masculin »? On peut néanmoins constater que ce sont les hommes qui, historiquement, ont déterminé ce modèle de maîtrise et tenter l'interprétation de son rapport avec leur sexualité.

Quant au privilège de la symétrie, il est corrélatif de celui du *miroir plan* : qui peut servir à l'auto-réflexion du sujet masculin dans le langage, à sa constitution comme sujet du discours. Or, la femme, à partir de ce seul miroir plan, ne peut advenir que comme l'autre inversé du sujet masculin (son *alter ego*), ou comme lieu de surgissement et de voilement de la cause de son désir (phallique), ou encore : comme manque, parce que son sexe pour la plus grande part, et la seule historiquement valorisée, n'est pas spécularisable. Donc, dans l'avènement d'un désir « féminin », ce miroir plan ne peut pas être privilégié et la symétrie ne peut pas y fonctionner comme dans la logique et dans le discours d'un sujet masculin (cf. aussi la question I,3).

« *Dans l'entretien avec* Libération, *vous récusez la notion d'éga-lité. Nous sommes d'accord. Que pensez-vous de celle de " pouvoir des femmes "? Si la femme advenait (dans l'histoire et dans l'incons-cient, celui-ci étant, en effet, " seulement " hom(m)osexuel), que se passerait-il :* un pouvoir féminin *se substituant purement et simple-ment au pouvoir masculin?* Ou une coexistence pacifique? Ou quoi? »

Là, une précision : je crois qu'il ne faut pas dire trop vite que l'inconscient est seulement hom(m)osexuel. Si l'inconscient garde ou maintient du féminin refoulé, censuré, de la logique de la conscience et de la logique de l'histoire (ce qui revient finalement au même, d'une certaine façon), l'inconscient n'est pas univoquement hom(m)osexuel. C'est l'interprétation réductrice qu'on en donne et ce qu'elle maintient comme censure et refoulement qui est hom(m)osexuelle.

Il ne peut s'agir évidemment d'un pouvoir féminin se substituant au pouvoir masculin. Parce que ce renversement serait toujours pris dans l'économie du même, dans la même économie, dans laquelle, bien sûr, n'aurait pas lieu ce que j'essaie de désigner comme « féminin ». Il y aurait une « prise de pouvoir » phallique. Ce qui, d'ailleurs, semble impossible : les femmes peuvent en « rêver », cela peut se réaliser parfois marginalement, dans des groupes restreints, mais, pour l'ensemble de la société, cette substitution de pouvoir, ce renversement de pouvoir, est impossible.

Une *coexistence pacifique?* Je ne sais pas très bien ce que cela veut dire. Je crois que la coexistence pacifique, cela n'existe pas. C'est le leurre d'une économie de pouvoir et de guerre. Ce qu'on pourrait plutôt poser comme question, c'est : bien que tout soit mis en place et fonctionne comme s'il ne pouvait y avoir que du désir du « même », *pourquoi n'y aurait-il pas de désir de l' « autre »?* De désir d'une différence qui ne soit pas toujours et encore reconduite et prise à l'intérieur d'une économie du « même ». On peut bien dire que c'est mon rêve à moi, ou que c'est un autre rêve. Mais pourquoi? Encore une fois, le renversement de pouvoir, la transmission du pouvoir, ne signifierait pas un « avènement » de l'autre – « féminin ». Mais pourquoi serait-il impossible qu'il y ait du désir de la différence, et du désir de l'autre? D'ailleurs, toute résorption de l'altérité dans le discours du même ne signifie-t-elle pas un désir de la différence, mais un désir qui aurait toujours – pour parler un langage honteusement psychologique – « fait peur »? Et qui de ce fait aurait toujours « voilé » – dans sa phobie – la question de la différence des sexes et du rapport sexuel.

☆

J'en viens à la seconde série de vos questions, concernant le « parler-femme ».

« Faut-il dire : un autre sexe = une autre écriture
un autre sexe = un autre sens? Pourquoi? »

Peut-on simplement opposer ou présenter en alternative l'écriture et le sens?

B. — *C'est plutôt supplémentarité qu'alternative. Écriture et sens : deux choses qui se recoupent sans être identiques. Écriture : au niveau des effets; s'il est possible de parler femme, l'écriture en est un effet. Le sens renvoie plutôt à la question de l'inconscient : un inconscient féminin...*

— A cette alternative, je ne savais pas comment répondre...

B. — *La question est plutôt dans l'égalité (le signe « égal ») et non entre les deux formulations.*

— Je ne sais pas si l'écriture se situe du côté de l' « effet » ou de la « cause »... Cela dépend de l'interprétation que l'on donne de cette notion. Il me semble qu'une *autre* écriture entraîne forcément une *autre* économie du sens. De ce fait, on peut se demander si toute écriture qui n'interroge pas son rapport hiérarchique à la différence des sexes n'est pas encore et toujours à la fois productrice et produite dans l'économie du sens propre. Tant qu'elle est « définie », « pratiquée », « monopolisée », par un seul sexe, l'écriture ne reste-t-elle pas toujours un instrument de production dans un régime de propriété inchangé?

Mais on pourrait répondre autrement — pas répondre « vraiment »... — en faisant le détour par Platon. Chez Platon, il y a deux *mimesis*. Pour aller vite : la *mimesis* comme *production*, qui serait plutôt du côté de la musique, et la *mimesis* qui serait déjà prise dans un procès d'*imitation*, de *spécularisation*, d'*adéquation*, de *reproduction*. C'est la seconde qui va être privilégiée dans toute l'histoire de la philosophie et dont on trouve les effets-symptômes comme latence, souffrance, paralysie du désir, dans l'hystérie. La première semble toujours avoir été réprimée, ne fût-ce que parce qu'elle était constituée comme une enclave dans un discours « dominant ». Or, c'est sans doute du côté et à partir de cette première *mimesis* que peut advenir la possibilité d'une écriture de femme. On y reviendra dans les questions sur l'hystérie.

« *Qu'est-ce que la double syntaxe (masculine-féminine) ?* »

Cela fait référence au fait que Freud, au lieu de hiérarchiser, de subordonner, la syntaxe du conscient et de l'inconscient — les ordonnant dessus-dessous —, aurait peut-être pu les articuler et les faire jouer comme deux syntaxes différentes.

Pour répondre par un autre biais : ne pourrait-on pas dire que c'est parce qu'il a produit et qu'il « tient » la syntaxe que le masculin garde la maîtrise du discours ? Dans cette syntaxe, dans cet ordre du discours, la femme, tout en étant occultée, le plus souvent occultée comme telle et absente en tant que sujet, vient faire « sens » — sang ? —, vient faire « contenu ». Est-ce que cette syntaxe du discours, de la logique discursive, plus généralement aussi cette syntaxe de l'organisation de la société, cette syntaxe « politique » n'est pas toujours pour le masculin (comment pourrait-il en être autrement ? en tout cas tant qu'il n'y a pas de désir de l'autre) une façon de s'auto-affecter, s'auto-produire ou reproduire, s'auto-engendrer ou représenter lui-même — lui comme même, comme seul étalon du même ? Et, comme l'auto-affection masculine a besoin d'instruments — l'homme, pour se toucher, à la différence de la femme, a besoin d'instruments : la main, le sexe et le corps de la femme, le langage —, cette syntaxe ne s'est-elle pas forcément, selon une logique économique, servi de tout pour s'auto-affecter ? Alors que « l'autre » syntaxe, celle qui rendrait possible l'« auto-affection » féminine, manque, est refoulée, censurée : le féminin n'étant jamais affecté que par et pour le masculin. Ce qui serait à mettre en jeu serait donc une syntaxe qui rende possible l'« auto-affection » de la femme.

Une « auto-affection » qui ne serait certes pas réductible à l'économie du même de l'Un, et pour laquelle la syntaxe et le sens restent à trouver. (Cf. « Ce sexe qui n'en est pas un », « La mécanique des fluides », « Quand nos lèvres se parlent ».)

A cet égard, on peut bien dire que tout ce qui est proposé dans la psychanalyse — et notamment quand la masturbation des petites filles est pensée sur le modèle du « faire comme le petit garçon » — passe complètement à côté de ce que pourrait être l' « auto-affection » de la femme. Car la femme ne s'affecte pas, ne « s'auto-affecte » pas selon le « modèle » masculin. L' « inouï » — ce qui expliquerait peut-être, mais pas seulement, que l'affirmation de la femme comme autre advienne si tard et que son rapport au langage soit si problématique —, c'est que la femme peut être affectée déjà sans « instruments », que la femme peut se toucher elle-même, « en elle-même », avant tout recours à un instrument. De ce point de vue, lui interdire la masturbation est assez amusant. Car comment interdire à une femme de se toucher ? Son sexe, « en lui-même », se touche tout le temps. Par contre, tout va être mis en œuvre pour empêcher ce toucher, pour l'empêcher de se toucher : la valorisation du seul sexe masculin, l'empire du phallus et sa logique du sens et son système de représentations, sont autant de façons d'écarter le sexe de la femme de lui-même et de priver la femme de son « auto-affection ».

Ce qui explique, d'ailleurs, pourquoi les femmes n'auraient pas de désir, pourquoi elles ne savent pas ce qu'elles veulent : elles sont si irrémédiablement coupées de cette « auto-affection » qu'elles sont d'entrée de jeu, et notamment par le complexe d'Œdipe, exilées d'elles-mêmes, et, sans continuité-contiguïté possible avec leurs premiers désirs-plaisirs, importées dans une autre économie, où elles ne se retrouvent absolument pas.

Elles s'y retrouvent, proverbialement, *dans la mascarade*. Les psychanalystes disent que la mascarade correspond au désir de la femme. Cela ne me paraît pas juste. Je pense qu'il faut l'entendre comme ce que les femmes font pour récupérer quelque chose du désir, pour participer au désir de l'homme, mais au prix de renoncer au leur. Dans la mascarade, elles se soumettent à l'économie dominante du désir, pour essayer de rester quand même sur le « marché ». Mais c'est du côté de ce dont on jouit et non de qui jouit.

Ce que j'entends par mascarade? Notamment ce que Freud appelle « féminité ». C'est croire, par exemple, qu'il faille *devenir* une femme, qui plus est « normale », alors que l'homme serait d'entrée de jeu homme. Il n'aurait qu'à accomplir son être-homme, tandis que la femme aurait à devenir une femme normale, c'est-à-dire à entrer dans la *mascarade de la féminité*. Le complexe d'Œdipe féminin, c'est finalement l'entrée de la femme dans un système de valeurs qui n'est pas le sien, et où elle ne peut « apparaître » et circuler qu'enveloppée dans les besoins-désirs-fantasmes des autres — hommes.

Cela dit, ce que serait une syntaxe du féminin, ce n'est pas simple, ni aisé à dire, parce que dans cette « syntaxe » il n'y aurait plus ni sujet ni objet, le « un » n'y serait plus privilégié, il n'y aurait plus de sens propre, de nom propre, d'attributs « propres »... Cette « syntaxe » mettrait plutôt en jeu le proche, mais un si proche qu'il rendrait impossible toute discrimination d'identité, toute constitution d'appartenance, donc toute forme d'appropriation.

« Pouvez-vous donner des exemples de cette syntaxe? »

Je pense que là où elle serait le plus à déchiffrer, c'est dans la gestualité du corps des femmes. Mais, comme cette gestualité est souvent paralysée, ou entrée dans la mascarade, effectivement, c'est parfois difficile à « lire ». Sinon dans ce qui résiste ou subsiste « au-delà ». Dans la souffrance, mais aussi le rire des femmes. Et encore : dans ce qu'elles « osent » — faire ou dire —, quand elles sont entre elles.

Cette syntaxe peut s'entendre aussi, si l'on ne se bouche pas les oreilles de sens, dans le langage tenu par les femmes en psychanalyse.

Il y a aussi des textes de plus en plus nombreux écrits par des femmes dans lesquels une autre écriture commence à s'affirmer, même si elle est encore souvent réprimée par le discours dominant. Pour ma part, j'ai essayé de mettre en jeu cette syntaxe dans *Speculum,* mais pas simplement, dans la mesure où un même geste m'obligeait à retraverser l'imaginaire masculin. Donc je ne pouvais pas, je ne peux pas — et je ne vois pas comment une quelconque femme le pourrait — m'installer comme cela, sereinement et d'emblée, dans cet autre fonctionnement syntaxique.

« *Quel est le rapport ou le non-rapport entre* parler-femme *et* parler-entre-femmes? »

Il peut y avoir un parler-entre-femmes qui est encore un parler-homme, mais cela peut être aussi le lieu où ose s'énoncer un parler-femme. Il est sûr qu'avec les-femmes-entre-elles (et c'est un des enjeux des mouvements de libération, quand ils ne s'organisent pas sur le mode du pouvoir masculin, et quand ils ne sont pas dans la revendication de la prise ou du renversement de « pouvoir »), dans ces lieux des femmes-entre-elles, quelque chose s'énonce d'un parler-femme. C'est ce qui explique le désir ou la nécessité de la non-mixité : le langage dominant est si puissant que les femmes n'osent pas parler-femme en dehors d'une non-mixité.

« *Quel est le rapport entre parler-femme et parler de la femme?* »

Parler-femme, ce n'est pas parler de la femme. Il ne s'agit pas de produire un discours dont la femme serait l'objet, ou le sujet.

Cela dit, *parlant-femme,* on peut tenter de ménager un lieu à l' « autre » comme féminin.

C. — *Est-il implicite dans votre discours que la constitution d'une altérité de la femme implique celle d'une altérité de l'homme?*

— Si j'entends votre question, oui. Mais est-ce, pour autant, à moi de parler de l' « autre » homme? C'est curieux, parce que c'est une question que l'on ne cesse de me poser. Je la trouve très amusante... On ne cesse de me demander ce que sera cet « autre » homme. Pourquoi m'approprierais-je ce que cet « autre » homme aurait à dire? Ce que je désire et que j'attends, c'est ce que les hommes feront et diront si leur sexualité se déprend de l'empire du phallocratisme. Mais ce n'est pas à une femme de l'anticiper, le prévoir, le prescrire...

Ce qui répond déjà un peu à la question suivante : « *parler-femme et parler-femme des hommes* ». Je crois que parler-femme, ce n'est pas plus parler des hommes que de la femme. Cela implique un autre mode d'articulation entre le désir et le langage masculins et féminins, mais cela ne signifie pas parler *des* hommes. Ce qui serait encore une fois une sorte de renversement de l'économie du discours. Parler-femme permettrait, entre autres, aux femmes de parler *aux* hommes...

« *Parler-femme et parler hystérique ?* »

Je voudrais demander ce que cela veut dire : parler hystérique ? L'hystérique parle-t-elle ? L'hystérie n'est-elle pas un lieu privilégié de la garde, mais « en latence », en « souffrance », de ce qui ne parle pas ? Et, particulièrement (même selon Freud...), de ce qui ne se parle pas du rapport de la femme à sa mère, à elle-même, aux autres femmes. De ce qui se trouve réduit au silence pour les femmes de leurs désirs premiers en fonction d'une culture qui ne permet pas de les dire. Impuissance à « dire » à laquelle le complexe d'Œdipe va ajouter la loi de se taire.

L'hystérie, *ça parle* sur le mode d'une gestualité paralysée, d'une parole impossible et aussi interdite... Ça parle comme *symptômes* d'un « ça ne peut ni se parler ni se dire »... Et le drame de l'hystérie, c'est qu'elle est schizée entre cette gestualité, ce désir paralysés et enfermés dans son corps, et un langage qu'elle a appris en famille, à l'école, dans la société, qui ne fait absolument pas continuité, ni, bien sûr, métaphore, avec les « mouvements » de son désir. Il lui reste donc, à la fois, le mutisme et le mimétisme. Elle se tait et, en même temps, elle mime. Et — comment pourrait-il en être autrement ? — mimant-reproduisant un langage qui n'est pas le sien, le langage masculin, elle le caricature, le déforme : elle « ment », elle « trompe », ce qui est toujours attribué aux femmes.

Le problème du « parler-femme » serait justement de trouver une continuité possible entre cette gestualité ou cette parole du désir — qui, actuellement, ne sont repérables que sous forme de symptômes et de pathologie – et un langage, y compris un langage verbal. Là encore, on peut poser la question de savoir si la psychanalyse n'a pas surimposé au symptôme hystérique un code, un système d'interprétation(s), qui ne correspond pas au désir figé dans les somatisations et le silence. Autrement dit, la psychanalyse « guérit-elle » les hystériques autrement que par un surcroît de suggestions qui revient à les adapter, un peu mieux, à la société masculine?

☆

Puisque j'ai commencé à évoquer l'hystérie, je vais répondre brièvement à la série des questions posées autour de ce problème.

« L'hystérie, est-ce une névrose féminine? »

N'est-ce pas – aujourd'hui, par privilège... – une « souffrance » du « féminin »? Notamment dans son rapport non articulable au désir de la mère? De la femme-mère? Cela ne veut pas dire qu'elle se trouve simplement chez les femmes.

« Est-ce une névrose (féminine)? »

La question porte sur névrose par opposition à psychose? Ou sur : est-ce une pathologie?
Chacune des questions sur l'hystérie demande une réponse au moins double.
Est-ce une névrose? Est-elle plus du côté de la névrose? La réponse n'est pas simple. S'il faut reprendre ces catégories, je dirais que l'hystérie est autant du côté de la psychose, mais que la femme, manquant de langage, ne peut pas élaborer la même économie de la psychose que l'homme. *Est-ce une pathologie?* Je crois qu'il faut répondre : oui et non. La culture, en tout cas occidentale, la constitue en pathologie. Et, comme l'hystérie ne peut se vivre en dehors d'un fonctionnement

social et culturel... Mais cette « pathologie » est ambiguë, parce qu'elle signifie aussi bien la *réserve d'autre chose*. Autrement dit, il y a toujours, dans l'hystérie, à la fois une puissance en réserve et une puissance paralysée. Une puissance qui est toujours déjà réprimée, en fonction de la *subordination* du désir féminin au phallocratisme ; une puissance contrainte au silence et au mimétisme, du fait de la soumission du « sensible », de la « matière », à l'intelligible et à son discours. Ce qui entraîne des effets « pathologiques ». Et, simultanément, il y a, dans l'hystérie, la possibilité d'un autre mode de « production », notamment gestuel et de langage, mais qui est gardé, maintenu, en latence. Telle une réserve culturelle encore à venir ?...

« Est-ce un "parler-femme", un parler de l'autre femme, à redécouvrir derrière l'interprétation freudienne, comme la civilisation minéo-mycénienne derrière celle des Grecs (cf. Speculum, *p. 75) ? »*

Freud lui-même le dit, quand il reconnaît, par exemple, que, pour ce qui concerne l'hystérie, il a méconnu le lien, pré-œdipien, de la fille à la mère. Mais il affirme que ce rapport de la fille à sa mère est si blanchi par les ans, si censuré-refoulé, qu'il faudrait comme revenir derrière la civilisation grecque pour trouver les traces d'une autre civilisation qui permettraient de déchiffrer ce qu'il en est de ce désir archaïque entre la femme et la mère.

On peut aussi se demander : s'il advenait un parler des deux sexes, l'hystérie serait-elle encore plutôt du côté du « féminin » ? Le parler-femme encore du côté de l'hystérie ? Il est bien difficile de répondre...

Par ailleurs, je crois que les hommes auraient beaucoup à gagner à être un peu moins répressifs sur l'hystérie. Car, en fait, en refoulant, en censurant l'hystérie, ils ont obtenu un surcroît de puissance, ou plus exactement de pouvoir, mais ils ont beaucoup perdu du rapport à leur corps.

☆

A. — *La « multiplicité sexuelle », la découverte d'un inconscient productif, innocent, bref la perversion polymorphe hors de tout cadre familial, tout cela ne fait-il pas quitter plus sûrement le terrain du vieux rêve de symétrie et/ou de l'imaginaire masculin ?*

— La question que je poserai d'abord, est : cette multiplicité sexuelle est-elle ou non analogue à la perversion polymorphe de l'enfant dont parle Freud ? Perversion polymorphe analysée par lui selon un modèle masculin et reconduisant la multiplicité à l'économie du même, de l'un, du même de l'Un.

Il ne faut pas oublier que Freud écrit : « au commencement, la petite fille est un petit garçon ». Le masculin, « dès le commencement », sert de modèle à ce qui se décrit et se prescrit du désir de la fille. Même avant le complexe d'Œdipe. Et ce que Freud dit — édicte comme loi — du complexe de castration de la fille ne tient que si la fille ne peut avoir de désirs que masculins. Êtes-vous en accord avec ce genre d'affirmation ? Et la perversion polymorphe, telle qu'elle est analysée par Freud, correspond-elle aux désirs-plaisirs d'une fille ?

Par exemple, dans la description de la perversion polymorphe, il est bien peu question de la jouissance qu'il pourrait y avoir dans le rapport aux « fluides ». Le stade anal est déjà dans le plaisir du « solide ». Or, la jouissance du fluide subsiste, il me semble, chez les femmes bien au-delà du stade dit oral : plaisir du « ça coule » en elle, hors d'elle, voire : entre elles. Ce n'est qu'un exemple parmi d'autres possibles, qui signifieraient que cette perversion polymorphe est encore prescrite et « normalisée » par des modèles masculins. Perversion polymorphe, soit, mais à condition d'en revoir l'économie. De plus, toute la société est répressive sur le rapport des femmes à la jouissance anale. Répression qu'elles ont, bien sûr, le plus souvent reprise à leur compte. Cela aussi serait à repenser, non seulement dans un discours du, ou sur le, désir, mais dans une interprétation de tout le fonctionnement socio-culturel.

A. — *C'est-à-dire que, moi, les oppositions masculin-féminin, à partir d'un certain moment, j'arrive à ne pas du tout les comprendre. Je ne comprends pas ce que cela veut dire, un discours masculin.*

— Bien sûr, puisqu'il n'y en a pas d'autre!
Le problème, c'est celui d'une altérité possible du discours masculin, ou par rapport au discours masculin.

Je poserais, à ce propos, une autre — et même — question : les femmes retrouvent-elles leur jouissance dans cette « économie » du multiple? Quand je demande ce qui peut se passer du côté des femmes, ce n'est pas du tout pour effacer la multiplicité, parce que le plaisir des femmes n'a pas lieu sans elle. Mais une multiplicité, sans réarticulation de la différence des sexes, n'est-ce pas une multiplicité qui barre, enlève, quelque chose de la jouissance pour la femme? Autrement dit, à ce désir, *neutre,* notamment du point de vue de la différence des sexes, le féminin est-il capable d'advenir aujourd'hui? Sauf à mimer, encore, un désir masculin. Et la « machine désirante » ne tient-elle pas encore lieu, pour une part, de la femme ou du féminin? N'en est-elle pas une sorte de métaphore utilisable par les hommes? Notamment en fonction de leur rapport au techno-cratique?

Ou encore : cette « psychose » peut-elle être celle « des femmes »? Si oui, n'est-ce pas une psychose qui les empêche d'accéder à la jouissance? Du moins à *leur* jouissance? C'est-à-dire à une jouissance différente d'une jouissance abstraite — neutre? — de la matière sexuée. Cette jouissance pouvant constituer une découverte pour les hommes, un en-plus de jouir, dans un « devenir femme » fantasmatique, mais étant, depuis longtemps, familière aux femmes. Le corps sans organes, pour elles, n'est-ce pas une condition historique? Et ne risque-t-on pas, une fois de plus, de reprendre à la femme ces/ses espaces non encore territorialisés où pourrait advenir son désir? Les femmes ayant été à la fois assignées à la garde du « corps-matière » et du « sans organes », le « corps sans organes » ne vient-il pas occuper le lieu de leur schize à elles? De l'évidement de leur désir dans leur corps? Du encore et toujours « vierge » de leur désir? Pour faire du « corps sans organes » une « cause » de jouissance, ne faut-il pas avoir eu au langage et au sexe — aux organes? — un rapport que les femmes n'ont jamais eu?

A. — *Quelle est la différence entre le devenir femme que vous dénoncez et l'advenir-femme, féminin? Est-ce qu'il ne s'agit pas de refaire une différence? Comment cette différence échapperait-elle à la hiérarchie, et est-ce qu'on ne reste pas, par la différence, dans la hiérarchie?*

— Non, pas forcément, sauf si on reste dans l'« empire » du même.

B. — *La hiérarchie suppose le même : il faut que la différence soit masquée par le même et supprimée par le même. La hiérarchie suppose l'identité.*

A. — *Il me semble en tout cas que la perversité polymorphe chez Freud se situe à un stade pré-œdipien où la différence des sexes n'est pas posée.*

— Cela ne vous fait pas question? Peut-être que, pour vous, la différence sexuelle est corrélative de la génitalité? Cela expliquerait un malentendu entre nous. Faut-il rappeler que la fille a un corps sexué différent du garçon bien avant la « génitalité ». Celle-ci n'étant évidemment qu'un modèle de sexualité normale, et normative. Quand je dis qu'il faut en repasser par la question de la différence des sexes, ce n'est évidemment pas un rappel à la « génitalité ». Mais affirmer qu'il n'y a pas de différence des sexes avant la génitalité, c'est plier le « féminin » à un bien plus vieux et plus puissant « modèle »...

A. — *Que faites-vous de la question du familialisme? Vous dites que Freud oublie le rapport de la fille à la mère. En fait, qu'est-ce que c'est, la mère, par rapport à la femme?*

— Sur ce qui concerne la famille, ma réponse sera simple et nette : la famille a toujours été le lieu privilégié de l'exploi-

tation des femmes. Donc, pour ce qui concerne le familialisme, il n'y a pas d'ambiguïté!

E. — *Pourquoi la famille ne pourrait-elle pas être de même le
lieu privilégié de l'aliénation de l'homme?*

— Certes, l'aliénation est toujours réciproque. Mais, historiquement, l'appropriation ne se détermine pas dans n'importe quel sens. Dans la famille et la société patriarcales,
l'homme est le propriétaire de la femme et des enfants. Ne
pas le reconnaître, c'est refuser toute détermination historique. De même, objecter le « pouvoir de la mère », alors
qu'il n'a lieu qu'« à l'intérieur » d'un système organisé par
les hommes. Dans ce pouvoir « phallocratique », l'homme
n'est pas sans y perdre : notamment en jouissance de son
corps. Mais, historiquement, dans la famille, c'est l'homme-
père qui aliène comme son bien le corps, le désir, le travail,
de la femme et des enfants.

D'autre part, quand je parle du *rapport à la mère,* je veux
dire que, dans notre culture patriarcale, la fille ne peut absolument pas régler son rapport à sa mère. Ni la femme son
rapport à la maternité, à moins de s'y réduire. Votre question
semble indiquer que, pour vous, il n'y a pas de différence
entre être mère et être femme. Qu'il n'y a pas d'articulation
à faire, par la femme, entre ces/ses deux désirs. Il faudrait
demander aux femmes ce qu'elles en pensent. Ou en
« vivent »...
Qu'il n'y ait plus de famille n'empêchera pas que des
femmes mettront au monde des femmes. Or, il n'y a aucune
possibilité, dans la logique actuelle du fonctionnement socio-
culturel, qu'une fille se situe par rapport à sa mère : parce
qu'elles ne font, en toute rigueur, ni une ni deux, qu'elles
n'ont pas de nom, de sens, de sexe propres, qu'elles ne sont
pas « identifiables » l'une par rapport à l'autre. Problème
que Freud évacue « sereinement » en disant que la fille doit
se détourner de sa mère, la « haïr », pour entrer dans le
complexe d'Œdipe. Cela ne veut-il pas dire qu'il est impossible — dans les systèmes de valeur qui sont les nôtres — pour
une fille de résoudre le rapport à la femme qui l'a mise au

monde? La mère : ce n'est pas nécessairement la mère de famille. C'est la femme qui met au monde, qui nourrit, ou qui élève une fille. Comment résoudre l'articulation de relations entre ces deux femmes? C'est là que s'impose « par exemple » la nécessité d'une autre « syntaxe », d'une autre « grammaire » de la culture.

☆

E. — *Dans votre pratique, en tant qu'analyste, comment faites-vous pour parler-femme?*

— Quand je parle ici, dans ce contexte et dans la position où je suis mise, la différence est peut-être difficile à repérer... Sauf, entre autres, au nombre de perplexités, d'incertitudes, de questions, signifiant le manque d'un système quelque part déjà assuré, et ordonnant, d'avance, mon langage? Mais du « parler-femme » je ne peux simplement vous rendre compte : il se parle, il ne se méta-parle pas.

E. — *Comment peut-on être femme et être analyste, et être professeur par exemple? Comment « parler-femme » avec des gens qui parlent et des gens qui écoutent? Ici, il y a une personne qui parle et des personnes qui écoutent...*

— Si je vous parle aujourd'hui, c'est parce que j'ai d'abord écouté les questions que vous m'avez adressées. Mais, ne fût-ce que du point de vue scénographique, le dispositif qui fonctionne ici me gêne effectivement beaucoup. Et il est bien évident que quand je parle comme cela — dans un séminaire, une conférence, un congrès... —, je suis obligée, contrainte, d'en repasser par le discours qu'on parle le plus couramment. J'essaie de le circonvenir, de montrer qu'il a peut-être un dehors irréductible. Mais, pour le faire, je dois commencer par me servir, il est vrai, du langage courant, du langage dominant.
Cela dit, la forme même de votre question est intéressante. Elle signifie : comment peut-on être « femme » et être « dans

la rue »? Soit être en public, être publique, qui plus est sur le mode de la parole. On en revient à la question de la famille : pourquoi la femme, qui appartient à la demeure privée, n'est-elle pas toujours enfermée dans la maison? Dès qu'une femme sort de la maison, on se demande, on lui demande : comment est-il possible que vous soyez femme et, en même temps, là. Et si, étant femme et aussi en public, vous avez l'audace de dire quelque chose de *votre* désir, c'est le scandale et la répression. Vous dérangez l'ordre — notamment du discours. Et là, c'est net, on vous exclut de l'université, voire de toutes les institutions (cf. la question IV et sa réponse).

D. — *La réponse de l'institution est prévisible, normale. Mais, ce qui m'étonne, c'est votre désir d'être analyste. Avez-vous le désir d'être analyste femme? Il me semble qu'il est impossible d'être analyste au nom d'un autre désir que celui du pouvoir.*

B. — *Vous avez dit tout à l'heure que l'inconscient avait quelque chose à voir avec le féminin, et que son interprétation traditionnelle était réductrice. Pour être analyste au féminin, il faudrait donc être anti-analyste, étant entendu que le terme d'analyste désigne ici le rapport à l'institution et à l'interprétation de l'inconscient.*

— Être anti-analyste, cela fait sans doute partie de la même problématique qu'être analyste au sens traditionnel. L'« anti » n'est-il pas toujours et encore pris dans l'économie du même? Je ne suis pas « anti-analyste ». J'essaie d'interpréter le fonctionnement traditionnel de l'institution analytique à partir de ce qu'elle méconnaît de la sexualité féminine, et à partir de l'idéologie homosexuelle masculine qui la sous-tend. Et, notamment, de son rapport au pouvoir.

B. — *En ce sens, le fonctionnement traditionnel n'a jamais fait aucune analyse, dans la mesure où l'interprétation de l'inconscient, en le réduisant au masculin, l'occulte, puisque l'inconscient a quelque chose à voir avec le féminin. L'analyse que pratique l'institution, d'une certaine manière, n'en est pas une.*

— Je ne dirais pas simplement cela. Je dirais que, sur certains points — qui ne sont pas négligeables... —, elle est réductrice. Qu'elle se tient paradoxalement dans l'indifférence sexuelle, en tant que, pour elle, le sexe féminin est toujours déterminé en fonction d'un modèle masculin. Je dirais que la psychanalyse, malheureusement, n'apporte pas, ou plus, la « peste », mais qu'elle se conforme trop à un ordre social.

D. — *Est-ce que vous travaillez dans le cadre psychanalytique phallocratique — freudien ou lacanien, qu'importe — dans l'intention de produire une autre analyse, ou un autre mode de fonctionnement analytique que j'appellerai « analyse-femme »? Ou bien est-ce que vous travaillez dans ce cadre de façon à produire un type d'écoute qui ne se réclamerait pas du nom d'analyse : détruire le fonctionnement analytique...*

— Je pourrais répondre que la question de savoir si, par rapport à l'institution, je me situe « dedans » ou « dehors » ne me concerne pas...

Est-ce que je voudrais « produire une analyse-femme »? Oui et non. Disons plutôt essayer de pratiquer l'écoute et l'interprétation de l'inconscient en sorte qu'elles ne soient plus hiérarchisantes du point de vue de la différence des sexes.

Parmi les questions écrites figurait celle de savoir si j'analyserai encore des hommes. Bien sûr, puisque c'est la différence des sexes que j'essaie de remettre en jeu, sans subordination de l'autre à l'un.

Détruire la psychanalyse, m'avez-vous demandé? J'essaie plutôt d'analyser un certain mode de son fonctionnement, et à partir de là de modifier sa pratique.

G. — *Comment, en tant qu' « analyste-femme », pouvez-vous écouter? Je veux dire que l'écoute analytique, des analystes hommes ou femmes, se situe jusqu'à présent au niveau de la structure masculine du voir, du regard qui perce. Par quelle problématique, ou syntaxe, du silence, vous mettez-vous en position de ne pas « percer »? Autrement dit : quelle est la rondeur de votre oreille, par rapport à l'oreille « masculine » qui « voit »?*

— Je crois que ce n'est pas tellement, ou pas seulement, une question de « rondeur ». Pour aller vite — et, étant donné les

143

problèmes d'horaire, je réponds beaucoup trop rapidement et allusivement à toutes vos questions... –, je vous dirai que vous répondez déjà... Dans ce qui se dit en analyse, on peut, en effet, sur le mode traditionnel du théorique, privilégier un certain « visible », qui a partie liée avec la vérité, le sens propre... Mon oreille peut donc être ce qui discrimine, et identifie, et classe, et interprète ce « visible »; elle peut être au service d'une perception à distance, et privilégier le « bien formé ». Ou bien, elle peut se laisser *toucher autrement*.

G. — *Est-ce que « se laisser toucher autrement », c'est toucher un endroit qui ne serait plus circonscrit au niveau de la parole, du langage en général, du corps? Est-ce la possibilité de laisser s'accomplir une irradiation sur l'ensemble du corps, sur l'ensemble du langage, faire régner cet « autre » sans le dénommer?*

— Si je vous entends bien, oui. Et cela signifierait que ce qui est à entendre et à faire advenir, c'est plutôt un autre mode du « syntaxique » : dans le langage et le corps. J'ajouterai qu'à partir du moment où vous n'écoutez plus avec un privilège du sens, du bien formé, du visible, votre corps à vous, analyste — on pourrait à ce propos réinterroger ce qu'on appelle la « neutralité bienveillante »... –, n'est plus préservé par ce type d'écran ou de référent. Il est donc « autrement » en jeu dans le transfert.

G. — *Il me semble que ce serait le rêve de la psychanalyse.*

— Alors, là, je ne suis pas sûre de comprendre...

G. — *La mascarade étant ramenée au « même », ce qui se dit en dehors de la mascarade serait l' « autre »?*

— C'est un peu rapide... mais il s'agit bien, je crois, de ça. On sortirait ainsi d'une économie *scopique* dominante, on serait davantage dans une économie des *flux*.

Si je rédigeais un compte rendu de cure, comme on dit, je ne le ferais pas tel que cela s'est toujours fait : par le « récit », la dissection, l'interprétation du seul transfert de l'analysant(e), mais en remettant en scène les *deux* transferts. Là est un des enjeux du pouvoir analytique. Les analystes ont bien un transfert. Mais, soit ils s'en défendent dans la neutralité bienveillante, ou dans le rapport à la théorie déjà constituée; soit ils n'en disent rien.

G. — *Ce qui signifierait que la brisure se réglerait avec la psychanalyse de la loi, la psychanalyse de l'homme...*

☆

QUESTIONS I *

Quel est le motif qui a engagé et soutenu la poursuite de votre travail?

Je suis une femme. Je suis un être sexué féminin. Je suis sexuée féminin. Le motif de mon travail se trouve dans l'impossibilité d'articuler un tel énoncé; dans le fait que sa production est de quelque façon insensée, inconvenante, indécente. Soit que *femme* ne soit jamais attribut de *être* ni *sexué féminin* qualité de *être,* soit que *suis une femme* ne se prédique pas de *je,* soit que *je suis sexuée* exclue le genre féminin.

Autrement dit, l'articulation de la réalité de mon sexe est impossible dans le discours et pour une raison de structure, eidétique. Mon sexe est soustrait, en tout cas comme propriété d'un sujet, au fonctionnement de la prédication qui assure la cohérence discursive.

Je peux donc parler intelligemment en tant que sexué(e) mâle (l'avouant ou pas) ou asexué(e). Sinon, j'entrerai dans l'illogique qui, proverbialement, est attribué aux femmes. Tous les énoncés que je produirai seront donc ou empruntés à un modèle qui laisse mon sexe en reste — ce qui implique un décalage constant entre les présupposés de mon énonciation et mes énoncés, et qui d'ailleurs fera que, mimant ce qui

* Ces trois questions sont celles que posent, explicitement ou implicitement, les membres du jury lors de la soutenance d'une thèse de doctorat d'État. (Donc, à l'université de Vincennes, département de philosophie, le 2 octobre 1974.)

ne correspond pas à mon « idée » ou « modèle » (d'ailleurs je n'en ai pas), je serai très inférieure à qui en aurait en propre –, ou seront inintelligibles selon le code en vigueur. Donc qualifiables d'anormaux, voire de pathologiques.

Cette aporie du discours quant au sexe féminin – qu'on l'envisage comme limite de la rationalité elle-même, ou comme impuissance des femmes à parler de manière cohérente – pose une question et provoque même une crise, qui peuvent s'analyser dans divers domaines régionaux, mais qui ont besoin, pour s'interpréter, d'en repasser par le discours maître : celui qui prescrit, en dernière instance, l'organisation du langage, qui fait la loi aux autres, et d'ailleurs à celui que l'on tient sur ces autres : le discours des discours, le discours philosophique. Pour interroger sa mainmise sur l'histoire, sa domination historique.

Mais cette maîtrise philosophique – qui constitue l'enjeu de *Speculum* – ne s'aborde pas simplement de front, ni simplement à l'intérieur du philosophique lui-même. Il fallait donc recourir à d'autres langages – tout en n'oubliant pas ce qu'ils devaient déjà au philosophique –, et même accepter la condition du silence, de l'aphasie comme symptôme – historico-hystérique, hystérico-historique –, pour que quelque chose du féminin comme limite du philosophique puisse enfin s'entendre.

Quelle a été votre méthode dans cette recherche?

Question délicate. Car la méthode, la voie de la connaissance, n'est-ce pas ce qui a aussi toujours détourné, dévoyé, par fraude et artifice, du chemin de la femme, et cela jusqu'à en consacrer l'oubli. Cette deuxième interprétation du terme méthode : voie détournée, fraude et artifice, est d'ailleurs sa deuxième traduction possible. Pour que le chemin de la femme soit rouvert, notamment dans et par le langage, il fallait donc repérer comment la méthode n'est jamais aussi simple qu'elle s'avoue, comment le projet téléologique, téléologiquement constructeur, qu'elle se donne est toujours un projet, conscient ou non, de détournement, de dévoiement, et de réduction, dans l'artifice du même, de l'autre. Soit, dans sa plus grande généralité en ce qui concerne les méthodes philosophiques : du féminin.

. . . .

Il fallait donc détruire, mais, comme l'écrivait René Char, avec des outils nuptiaux. L'outil n'est pas un attribut féminin. Mais la femme peut réutiliser les marques sur elle, en elle, de l'outil. Dit autrement : il me restait à *faire la noce avec les philosophes.* Ce qui n'est pas une entreprise simple... Car par quel chemin se réintroduire dans leurs systèmes si cohérents ?

Il n'en est, dans un premier temps, peut-être qu'un seul, auquel est d'ailleurs assignée la condition féminine : le *mimétisme.* Mais ce rôle même est complexe, car il suppose de se prêter à tout, sinon à tous. De *redoubler* n'importe quoi, n'importe qui, de recevoir toutes les empreintes, *sans se les approprier,* et *sans en rajouter.* C'est dire de n'être rien que la possibilité pour le philosophe de (se) réfléchir. Telle la *chôra* platonicienne, mais encore le miroir du sujet.

Rentrer dans la maison du philosophe exige aussi de pouvoir assurer le rôle de *matière* – mère ou sœur. Soit de ce qui recommence toujours à nourrir la spéculation, de ce qui fonctionne comme *ressource* – sang rouge de la ressemblance –, mais aussi comme *déchet* de la réflexion, comme rejet et mise à l'extérieur de ce qui résiste à la transparence, de la folie.

Faire la noce avec le philosophe suppose aussi de garder *ce qui du miroir ne peut se réfléchir soi-même :* son tain, sa brillance, donc les éblouissements, les extases. Matière pour reproduction, miroir pour redoublement, la femme du philosophe devra encore assurer cette *caution d'un narcissisme souvent extrapolé dans une dimension transcendantale.* Certes sans le dire, sans le savoir. Ce secret ne devra surtout jamais se dévoiler. Ce rôle n'est possible que par son dérobement ultime à la prospection : une virginité inapte à la réflexion de soi. Jouissance toute « divine ».

La femme du philosophe devra encore, bien que plus secondairement, être belle, et *exhiber tous les attraits de la féminité,* pour distraire un regard trop souvent abstrait dans des contemplations théoriques.

Cette femme — et puisque le discours philosophique domine l'histoire en général —, *cette femme de tout homme* est donc vouée au service de l'« auto » du « philosophe » sous toutes ses formes. Et, en fait de noces, elle risque bien de n'être que la médiation nécessaire à celles du philosophe avec lui-même, et avec son semblable.

Si elle peut si bien jouer ce rôle, si elle n'en meurt pas tout à fait, c'est qu'elle a de la réserve par rapport à cette fonction. Qu'elle subsiste encore, autrement et ailleurs que là où elle mime si bien ce qu'on lui demande. Que son « auto », à elle, reste étranger à toute cette mise en scène. Mais il faut, sans doute, la rejouer pour se souvenir de ce que celle-ci aura si bien métabolisé qu'*elle* l'a oublié : son sexe. Hétérogène à toute cette économie de la représentation, mais qui, d'être resté ainsi « en dehors », peut justement l'interpréter. Parce qu'il ne postule ni l'un, ni le même, ni la reproduction, ni même la représentation. Qu'il reste donc ailleurs que dans cette répétition générale où il n'est repris que comme *autre du même.*

De ce fait, la femme signifie bien, comme l'écrit Hegel, l'éternelle ironie de la communauté — des hommes. A condition qu'elle ne se veuille pas leur égale. Qu'elle n'entre pas dans un discours dont la systématicité se fonde de sa réduction dans le même.

. . . .

Quelles sont les conclusions de votre travail?

J'en viens donc, pour conclure, à ce qui pourrait se donner comme propositions :

1. Que Freud ait pris comme objet de son discours la sexualité n'implique pas forcément qu'il ait interprété ce qu'il en est de la sexuation du discours lui-même, et notamment du sien. L'analyse des présupposés de la production du discours n'est pas réalisée par lui en ce qui concerne la différence sexuelle. Ou encore : les questions que la pratique et la théorie de Freud posent à la scène de la représentation — questions de ce qu'elle refoule sous la forme de ce qu'il désigne comme inconscient, de ce qu'elle néglige comme effets de surdétermination, d'après coup, de « pulsion de mort », etc., sur les énoncés du sujet —, ces questions ne vont pas jusqu'à celle de la détermination sexuée de cette scène. Manquant cette interprétation, le discours de Freud reste pris dans une économie méta-physique.

2. D'un point de vue plus strictement philosophique, on peut se demander si la prise en compte de la sexuation du discours n'ouvre pas à la possibilité d'un autre rapport au transcendantal. Ni simplement subjectif ni simplement objectif, pas univoquement centré ni décentré, ni unique ni pluriel, mais comme lieu — jusqu'à présent toujours réduit dans une ek-stase — de ce que j'appellerais : la *copule*. Ce qui exige l'interprétation de l'être comme ayant toujours déjà (re)pris le rôle de copule dans une économie discursive déniant l'opération copulative entre les sexes dans le langage.

3. Ce lieu ne peut avoir lieu que si une « spécificité » est reconnue au féminin dans son rapport au langage. Ce qui implique une autre « logique » que celle qu'impose la cohérence discursive. Cette autre « logique », j'ai tenté de la pratiquer dans l'écriture de *Speculum;* j'ai également commencé à en indiquer certains éléments dans « L'incontournable volume ». Disons qu'elle se refuserait à toute fermeture ou circularité du discours — à toute constitution d'*archè* ou de *télos;* qu'elle privilégierait le « proche » plutôt que le « propre », mais un « proche » non (re)pris dans l'économie spatio-temporelle de la tradition philosophique; qu'elle entraînerait un autre rapport à l'unité, à l'identité à soi, à la

vérité, au même et donc à l'altérité, à la répétition et donc à la temporalité; qu'elle retraverserait « différemment » les couples matière/forme, puissance/acte, etc. L'autre étant, pour le féminin, dans l'un(e) sans que pour autant il puisse y avoir égalité, identité, subordination, appropriation, ... possible de l'un(e) dans sa relation à l'autre. Il s'agirait d'une économie de l'échange sous toutes ses modalités, encore à mettre en jeu.

Ce qui nécessite une retraversée des processus de spécula-(risa)tion qui sous-tendent notre fonctionnement social et culturel. En effet, les relations entre sujets ont toujours fait un recours, explicite ou plus généralement implicite, au *miroir plan,* soit à ce qui privilégie la relation de l'homme à son semblable. Un miroir plan aura toujours déjà sous-tendu et traversé la spéculation. Quels effets de projection linéaire, de circularité de retour en boucle sur le soi (comme) même, d'éclatements en points-signifiants d'identité, y aura-t-il entraînés? Quel « sujet » y retrouvait, finalement, son compte? Quel « autre » en était réduit à la fonction difficilement représentable du négatif? Confondue dans cette glace — y compris dans sa vacance de reflets — où se projetait et se réassurait le développement historique du discours. Ou encore, s'en trouvait assignée au rôle de « matière », matrice opaque et silencieuse, réserve pour les spécula(risa)tions à venir, pôle d'un certain couple dont on n'a pas fini de lever les hypothèques fétichistes. Interpréter l'intervention du miroir, ce qu'il aura entretenu comme suspens dans un éblouissement irréfléchi de sa brillance, ce qu'il aura figé dans sa coupe décisive, gelé du fluent de « l'autre », inversé aussi bien sûr, tel est l'enjeu.

Il fallait donc, et réinterroger la domination du spéculaire et du spéculatif sur l'histoire, et aussi — comme le spéculaire est une des dimensions irréductibles de l'animal parlant — mettre en place un mode de spécularisation qui permette le rapport de la femme à « elle-même » et à ses semblables. Ce qui suppose la *courbure du miroir,* mais encore son *dédoublement,* et son impossible réappropriation « à l'intérieur » de l'esprit, de la pensée, de la subjectivité. D'où *l'intervention du speculum et du miroir concave,* qui dérangent le montage de la représentation selon des paramètres trop exclusivement

« masculins ». Ceux-ci excluant les femmes de la participation aux échanges, sinon comme objets ou possibilité de transactions entre hommes.

4. Ce qui rappelle l'enjeu politique – au sens restreint ou généralisé – de ce travail. Le fait que la « libération » des femmes nécessite une transformation de l'économique, qui passe forcément par celle de la culture, et de son instance opérante : le langage. Sans cette interprétation d'une grammaire générale de la culture, le féminin n'aura jamais lieu dans l'histoire, sinon sur le mode d'une réserve de matière et de spéculation. Et, comme l'affirmait déjà Antigone : entre elle et lui, rien ne pourra jamais être dit.

☆

QUESTIONS II [*]

... Étant donné que vous êtes là pour « répondre » sur (autant que de) la « femme »...

Je ne puis *répondre* ni *sur* ni *de* « la » femme. Si de quelque façon je prétendais à ce geste – m'y soumettant, ou le revendiquant –, je n'aurais fait que replier à nouveau la question du féminin au discours qui la maintient dans le refoulement, la censure, au mieux la méconnaissance. Car, pas plus qu'il ne s'agit pour moi de faire de la femme *le sujet* ni *l'objet* d'une théorie, il n'est possible de subsumer le féminin sous quelque *générique :* la femme. Le féminin ne peut se signifier sous aucun sens propre, nom propre, concept, fût-il celui de femme. Lequel, d'ailleurs, est toujours employé par moi en marquant l'ambiguïté de son usage : la/une femme marque à la fois la position extérieure du féminin par rapport aux lois de la discursivité, et le fait qu'il ne s'agit pas pour autant de le renvoyer à quelque empirique opaque à tout langage.

[*] Posées par Philippe Lacoue-Labarthe pour préparer l'émission *Dialogues,* du 26 février 1975. Ces questions ne sont que très partiellement, et fragmentairement, reproduites ici. « Questions » et « réponses » ont été échangées par lettres.

...et que je suis là au titre simplement du « questionnant », selon l'exacte inversion du rapport socratique...

Quant à « l'exacte inversion du rapport socratique », il ne peut en être question. Même s'il est important d'en évoquer l'éventualité, pour la congédier. L'inversion, qui signifierait aussi un renversement — et de pouvoir —, se jouerait encore à l'intérieur du même, ce même mis en place par l'économie du *logos*. Pour que l'autre, non l'*alter ego* inversé du sujet « masculin » ou *son* complément, ou *son* supplément, mais cet autre, femme, ne soit pas repris dans des systèmes de représentation dont le projet, la téléologie, vise sa réduction dans le même, il faut bien sûr interpréter *tout processus d'inversion, de renversement,* aussi comme *tentative de redoubler l'exclusion de ce qui excède la représentation :* l'autre, femme. Mettre une femme en position socratique revient à lui assigner la maîtrise du discours. Position traditionnelle du « sujet masculin ». Plus exactement, du « sujet » comme phallocrate. Que toute élaboration « théorique » — mais bien sûr il faudra revenir sur ce statut du théorique — faite par une femme soit irrémédiablement ramenée à cette fonction, qu'il ne soit pas imaginable qu'il puisse y en avoir *une autre,* montre assez — s'il en est encore besoin — que la phallocratie n'a pas fini de se recentrer sur un geste d'appropriation. Que ce qui fait signe vers ou d'un dehors est toujours et encore ramené à son pouvoir, et à la circularité de son économie discursive.

...l'urgence qu'il y a, à mes yeux, de défendre votre travail, vu le genre de réactions qu'il a suscitées, et ce qu'elles signifient...

Quant à ce que signifient les réactions suscitées par un travail tel que le mien, je pense que je viens d'y répondre : qui est en position de maîtrise ne s'en démet pas facilement, n'en imagine même pas une autre, ce qui serait déjà « en sortir ». *Autrement dit, le « masculin » n'est pas prêt à partager l'initiative du discours. Il préfère s'essayer à parler, écrire, jouir « femme »* plutôt que de laisser à cette autre quelque droit d'interven-

tion, d' « action », en ce qui la concerne. Ce qui reste le plus
interdit à la femme étant, bien sûr, de faire entendre quelque
chose de sa jouissance. Celle-ci se doit de rester *un « domaine »*
du discours, produit par les hommes. Cette jouissance signifiant,
en effet, la plus grande menace pour ce discours. Soit sa plus
irréductible « extériorité », « exterritorialité ».

...étant donné, aussi, la position qu'il occupe dans le champ
théorique actuel...

La femme a bien le plus généralement fonctionné comme
l'enjeu d'une transaction, non sans rivalité, entre deux
hommes, y compris dans son passage du père au mari.
Comme une marchandise passant d'un propriétaire à l'autre,
d'un consommateur à l'autre, possible monnaie d'échange
entre l'un et l'autre. Et, dans les récents événements — mon
exclusion de Vincennes, par exemple, mais pas seulement... —,
quelque chose de ce statut du féminin s'est bien ainsi « joué ».
Soit : dans quel champ se situe-t-elle? Quel est son « père »?
Quel est, donc, son « nom propre »? A qui appartient-elle?
De quelle « famille » ou « clientèle » est-elle? Si cela n'est
pas nettement « tranché », la seule façon de maintenir l'économie en place est le rejet. Certes, les marchandises ne
devraient jamais parler, ni surtout aller seules au marché...
Car l'économie des échanges, entre sujets, s'en trouve totale-
ment subvertie.

... Qu'est-ce qu'implique l'entrée d'une femme dans la « théorie de
la femme » ou dans la déconstruction de la « théorie de la femme »?...

Il n'est donc pas exact de dire que je suis « entrée » dans la
« théorie de la femme », ni même simplement dans sa
« déconstruction ». Car, dans ce marché-là, je n'ai rien à
dire. Je dois seulement entretenir le commerce en étant un
objet de consommation ou d'échange. Ce qui semble difficile, voire impossible, à penser c'est qu'il puisse y avoir un
autre mode d'échange(s) qui n'obéisse plus à la même logique.
C'est pourtant à cette condition que quelque chose du langage et de la jouissance de la femme peut avoir effective-

ment lieu. Mais « ailleurs » que dans leur emprise, leur reprise, dans l'économie du seul désir masculin. Autrement dit, on ne pourrait parler de l' « entrée » de la/une femme dans quelque théorie que ce soit que si celle-ci devenait la mise « en acte » de la copule, et non l'appropriation de/par l'être. Mais alors il ne s'agirait plus ni d'entrer ni de théorie. Et toutes les réactions de mépris, de silence, de rejet, et en même temps d'exploitation du « travail » d'une femme pour trouver le langage de sa jouissance, prouvent assez que nous n'en sommes pas tout à fait là...

... Pourquoi parler (dialoguer) ici avec un homme, et un homme dont le métier est plutôt la philosophie ?...

Pourquoi tenter de parler avec un homme ? Parce que mon désir n'est justement pas de faire une théorie de la femme, mais de ménager son lieu au féminin dans la différence sexuelle. Cette différence — masculin/féminin — a toujours fonctionné « à l'intérieur » des systèmes représentatifs, auto-représentatifs, du sujet (masculin). Et ceux-ci d'ailleurs ont produit bien d'autres différences qui semblent articulées pour suppléer à une indifférence sexuelle effective. Car un sexe et son manque, son atrophie, son négatif, cela ne revient pas à deux sexes. Autrement dit, le féminin n'a jamais été défini que comme envers, voire revers, du masculin. Il ne s'agit donc ni de s'installer dans ce manque, ce négatif, fût-ce en le dénonçant, ni de renverser l'économie du même en faisant du féminin *l'étalon de la « différence sexuelle »,* mais d'essayer de pratiquer cette différence. Ainsi : quel mode autre de lecture, d'écriture, d'interprétation, d'affirmation, peut être le mien en tant que femme, par rapport à vous, homme ? Est-il possible que cette différence ne soit pas à nouveau reconduite à un procès de *hiérarchisation ? De subordination de l'autre au même ?*

Quant à la philosophie, pour ce qui concerne la question de la femme — ce qui revient à la question de la différence sexuelle —, c'est bien elle qu'il faut interroger. A moins d'accepter naïvement — ou tactiquement, parfois — de s'en tenir à quelque régionalité, ou quelque marginalité, qui laissent intact le discours qui fait la loi à tout autre : le discours philosophique. C'est donc bien l'ordre philosophique qu'il faut questionner, et *déranger,* en tant qu'il recouvre la différence sexuelle. De n'avoir pas assez interprété l'emprise de la maîtrise du philosophique sur tout discours, la psychanalyse elle-même a engagé sa théorie et sa pratique dans une méconnaissance de la différence des sexes. Pratique et théorie psychanalytiques mettent certes en cause la discursivité philosophique, mais seraient susceptibles d'y être encore pour une grande part reconduites — le sont, d'ailleurs —, n'était la « question » de la sexualité féminine. C'est donc à la fois parce que la psychanalyse constitue encore une enclave possible du philosophique, et parce que, en tant que femme, je ne puis m'y résoudre, que je résiste à cette réappropriation, que je désirais que ce « dialogue » ait lieu avec un homme philosophe, homme qui s'intéresse aussi à la théorie psychanalytique, à la question de la femme et, bien sûr, à celle de l'appropriation.

... Quelle est la signification de ce geste eu égard à tout ce qui peut s'intituler aujourd'hui, à des titres divers, du « mouvement de libération de la femme »? Pourquoi cette rupture du « femmes-entre-elles »?

La signification de ce geste eu égard aux mouvements de libération de la femme? Disons que, au premier abord, cela peut passer pour une rupture, comme vous dites. Cela voudrait dire que le fait empirique de rester toujours entre femmes serait nécessaire, voire suffisant, pour être politiquement du côté de la « libération des femmes »... Et ne serait-ce pas encore entretenir une logique idéaliste que de poser l'alternative en ces termes : soit, avec les hommes, les femmes ne seront qu'objets, images, idées, d'un sensible par/pour eux approprié, soit — mais ce soit ne risque-t-il pas, finalement, de revenir au même? — les femmes restent entre elles. Ce qui n'est pas dire qu'elles n'aient pas nécessité à le faire. Notamment par tactique politique. Les femmes — enjeu de la propriété privée, de l'appropriation par/pour le discours — ont toujours été mises en position de rivalité les unes par rapport aux autres. Il s'imposait donc pour l'efficacité de leurs

155

luttes qu'elles constituent un lieu de l' « entre-elles ». Lieu de « prise de conscience » individuelle et collective de l'oppression spécifique des femmes, lieu de « reconnaissance » possible du désir des femmes les unes par/pour les autres, lieu de leur regroupement. Mais, pour moi, ce lieu risquerait d'être utopie de renversement de l'histoire, rêve de réappropriation par les femmes du pouvoir — notamment phallique — s'il se refermait sur le cercle de ses revendications, voire de ses désirs. Ce qui mimerait, d'ailleurs — les femmes en restant une fois de plus à la fonction qui leur est assignée —, la société des hommes entre eux. A ceci près que les femmes pourraient se passer des hommes pour élaborer leur société ?

La « rupture » dont vous parlez — et qui, pour moi, n'en est pas une — paraît donc aussi tactiquement nécessaire, pour deux raisons au moins : 1. Les femmes ne peuvent travailler à la question de leur oppression sans analyse et même pratique des institutions, institutions commandées par des hommes. 2. Ce qui fait question — fondamentale ? — pour le féminin, d'où la nécessité et l'efficacité de prendre les choses par ce biais, c'est le fonctionnement de la logique discursive. Et, par exemple, dans ses oppositions, et schizes, entre empirique et transcendantal, sensible et intelligible, matière et idée, etc. Cette structure hiérarchique a toujours mis le féminin en position d'infériorité, d'exploitation, d'exclusion par rapport au langage. Mais, du même coup — si je puis ainsi dire... —, elle consacrait le caractère impraticable du rapport sexuel. Celui-ci revenant à l'auto-affection de l'homme par la médiation du féminin approprié dans son langage. La réciproque n'étant pas « vraie ». C'est donc sur ce caractère « propre » du langage qu'il faut faire retour. Pour l'analyser non seulement dans son double mouvement d'appropriation-désappropriation par rapport au seul sujet masculin, mais aussi dans ce qui reste muet, et privé de possibilité d' « auto-affection », d' « auto-représentation », pour le féminin. Si, aux hommes entre eux, la seule réponse est les femmes entre elles, ce qui sous-tend le fonctionnement de la logique de la présence, de l'être, de la propriété — ce qui entretient de ce fait l'effacement de la différence des sexes — risque bien de se perpétuer, voire de se renforcer. Plutôt que d'entretenir l'opposition masculin/féminin, il conviendrait de trouver une possibilité d'articulation *non hiérarchique* de cette différence dans le langage. D'où ce que vous appelez la rupture des « femmes-entre-elles », cette rupture étant tout aussi nécessaire pour ce qui concerne les « hommes-entre-eux », bien qu'elle soit plus difficile à obtenir en tant que cet état des choses étaye les formes actuelles de leur pouvoir.

...on ne peut manquer d'aboutir au moins à ceci que votre premier souci est d'éviter une position naïve de la « question de la femme ». C'est-à-dire, par exemple, un renversement pur et simple de la position masculine de la question (un renversement pur et simple du « phallogocentrisme », etc.).

A cette question il me semble, en effet, avoir déjà « répondu ». En répondant aux questions précédentes, et en écrivant *Speculum*. Qui n'est évidemment pas un livre *sur* la femme, encore moins, quoi qu'on puisse en penser, voire en projeter comme espoir de renversement des valeurs : un « gynécocentrisme réfléchi », un « lieu de monopolisation du symbolique » au bénéfice d'une, ou des femmes. Naïveté qui oublie que d'un lieu féminin rien ne peut s'articuler sans interrogation du symbolique lui-même. Mais, du renversement, on ne sort pas comme ça. On ne sort notamment pas en croyant pouvoir faire l'économie de l'interprétation rigoureuse du phallogocratisme. Hors duquel il n'est pas de saut simple praticable, *ni de possibilité de se situer, du seul fait que l'on serait femme.* Et si j'ai tenté dans *Speculum* une retraversée de l'imaginaire « masculin », c'est-à-dire de notre imaginaire culturel, c'est qu'elle s'imposait, et pour en remarquer le « dehors » possible, et pour me situer par rapport à lui en tant que femme : y étant à la fois impliquée, et à la fois l'excédant. Mais cet excès, bien sûr, j'en fais la possibilité du rapport sexuel, et non d'un renversement de pouvoir phallique. Et de cet excès, « d'abord » je ris. Première libération d'une oppression séculaire ? *Le phallique, n'est-ce pas le sérieux du sens ?* La femme, et le rapport sexuel, l'excédent peut-être « d'abord » dans le rire ?

Les femmes entre elles, d'ailleurs, commencent par rire. Échapper au renversement pur et simple de la position masculine, c'est, en tout cas, ne pas oublier de rire. Ne pas

157

oublier que la dimension du désir, du plaisir, est intradui-
sible, irreprésentable, irrelevable, dans le « sérieux » – l'adéquation, l'univocité, la vérité... – d'un discours qui prétend
en dire le sens. Qu'il soit tenu par des hommes ou des
femmes. Ce qui n'est pas affirmer qu'il faille tomber dans le
dire n'importe quoi, mais que *le dire vrai constitue l'interdit de
la jouissance de la femme, et donc du rapport sexuel.* Le recouvrement de sa, de la puissance dans le pouvoir légiférant du
discours. C'est d'ailleurs en ce lieu que se situe, aujourd'hui,
l'enjeu le plus virulent de l'oppression de la femme : les
hommes veulent garder l'initiative du discours sur *la* et donc
aussi *sa* jouissance.

☆

QUESTION III [*]

*Pouvez-vous dire quelque chose de votre travail par rapport au
Mouvement de libération des femmes?*

Avant d'essayer de vous répondre, je voudrais préciser deux
choses :

– la première, c'est que je ne peux pas vous dire ce qui se
passe dans le mouvement de libération. Admettons même
que je veuille répondre à votre question, ce qui se passe
dans le mouvement de libération des femmes ne peut pas
simplement se survoler, se décrire, se raconter « de l'extérieur ».

– la deuxième, c'est que je préfère parler, au pluriel, *des*
mouvements de libération des femmes. En effet, les groupes

[*] Question posée par Hans Reitzels Forlag et Fredrik Engelstad lors
d'une interview (à paraître aux éditions Pax, Oslo).

et les tendances dans les luttes des femmes sont aujourd'hui multiples, et les ramener à un mouvement risque d'entraîner des phénomènes de hiérarchisation, des revendications d'orthodoxie, etc.

Pour en revenir à mon travail : j'essaie, comme je l'ai déjà indiqué, de retraverser l'imaginaire masculin, d'interpréter comment il nous a réduites au silence, au mutisme, ou au mimétisme, et je tente, à partir de là et en même temps, de (re)trouver un espace possible pour l'imaginaire féminin.

Mais ce n'est évidemment pas un travail simplement « individuel ». Une longue histoire a mis toutes les femmes dans la même condition sexuelle, sociale, culturelle. Quelles que soient les inégalités existant entre les femmes, elles subissent toutes, même sans s'en rendre compte clairement, la même oppression, la même exploitation de leur corps, la même négation de leur désir.

C'est pourquoi il est très important que les femmes puissent se réunir, et se réunir « entre elles ». Pour commencer à sortir des places, des rôles, des gestes qui leur ont été assignés et enseignés par la société des hommes. Pour s'aimer entre elles, alors que les hommes ont organisé *de facto* la rivalité entre femmes. Pour découvrir une autre forme de « socialité » que celle qui leur a toujours été imposée. L'enjeu premier des mouvements de libération, c'est de faire prendre « conscience » à chaque femme que ce qu'elle a ressenti dans son expérience personnelle est une condition partagée par toutes les femmes, ce qui permet de *politiser cette expérience*.

Mais que veut dire, ici « politique »? Il n'y a pas, pas encore, une « politique des femmes », du moins au sens large. Et, si elle existe un jour prochain, elle sera très différente de la politique instituée par les hommes. Car les questions posées par l'exploitation du corps des femmes débordent les enjeux, les schémas, et, bien sûr, les « partis » de la politique connue et pratiquée jusqu'à présent. Cela n'empêche pas, évidemment, les partis politiques de vouloir « récupérer » la question des femmes, en leur accordant une place dans leurs rangs, en vue de les aligner — une fois de plus... — sur leurs « programmes », dont, la plupart du temps, elles n'ont rien à faire, en ce sens qu'il ne prend pas en considération leur *exploitation spécifique.* L'exploitation des femmes, en effet, ne constitue pas une question *régionale,* à l'intérieur du politique, et qui concernerait seulement un « groupe » de la population, ou une « partie » du « corps » social. Quand les femmes veulent sortir de l'exploitation, elles ne détruisent pas seulement quelques « préjugés », elles dérangent tout l'ordre des valeurs dominantes : économiques, sociales, morales, sexuelles. Elles mettent en cause toute théorie, toute pensée, tout langage existant, en tant que monopolisés par les seuls hommes. Elles interpellent *le fondement même de notre ordre social et culturel,* dont le système patriarcal a prescrit l'organisation.

Le fondement patriarcal de notre socialité est, en fait, reconduit par la politique d'aujourd'hui, même si elle est « de gauche ». Jusqu'à présent, en effet, *le marxisme a bien peu pris en charge les problèmes d'exploitation spécifique des femmes, et les luttes des femmes semblent, le plus généralement, déranger les marxistes.* Alors que ces luttes pourraient s'interpréter à l'aide des schémas d'analyse de l'exploitation sociale dont se réclament précisément leurs programmes politiques. A condition toutefois d'utiliser différemment ces schémas. Mais aucune politique n'a, jusqu'à présent, interrogé son rapport au pouvoir phallocratique...

Concrètement, cela veut dire que les femmes doivent, bien sûr, continuer à lutter pour l'égalité des salaires, des droits sociaux, contre la discrimination dans les emplois, les études, etc. Mais cela ne suffit pas : des femmes simplement « égales » aux hommes seraient « comme eux », donc pas des femmes. Une fois de plus, la différence des sexes serait ainsi annulée, méconnue, recouverte. Il faut donc inventer, entre femmes, de nouveaux modes d'organisation, de nouvelles formes de luttes, de nouvelles contestations. Les divers mouvements de libération ont déjà commencé à le faire, et une « internationale » des femmes se dessine. Mais, là aussi, il faut innover : l'institution, la hiérarchie, l'autorité − c'est-à-dire les formes existantes du politique −, ce sont les affaires des hommes. Pas les nôtres.

Cela explique certaines difficultés rencontrées par les mouvements de libération. Si les femmes se laissent prendre au piège du pouvoir, au jeu de l'autorité, si elles se laissent contaminer par le fonctionnement « paranoïaque » de la politique masculine, elles n'ont plus rien à dire ni à faire *en tant que femmes*. C'est pourquoi l'une des tâches, en France, aujourd'hui, est d'essayer de regrouper les diverses tendances du mouvement sur un certain nombre de thèmes et d'actions spécifiques précises : le viol, l'avortement, la contestation du privilège du nom du père en cas de décision juridique pour savoir « à qui appartiennent » les enfants, la participation à part entière des femmes aux décisions et à l'exercice législatif, etc. Tout cela ne devant jamais masquer que c'est pour faire advenir leur différence que les femmes revendiquent leurs droits.

Pour ma part, je refuse de me laisser enfermer dans un seul « groupe » des mouvements de libération des femmes. Surtout si celui-ci se prend au piège de l'exercice du pouvoir, s'il prétend déterminer la « vérité » du féminin, légiférer sur ce qu'est « être femme », et mettre en accusation les femmes qui auraient des objectifs immédiats différents des siens. Je pense que le plus important est de faire apparaître l'exploitation commune à toutes les femmes et de trouver les luttes qui conviennent à chaque femme, là où elle est : suivant son pays, son métier, sa classe sociale, son vécu sexuel, c'est-à-dire la forme d'oppression qui lui est le plus immédiatement insupportable.

☆

QUESTION IV [*]

Quel est votre projet d'enseignement ?

Pour mettre en scène l'enjeu du travail, je repartirai de la figure d'Antigone : chez Sophocle, chez Hölderlin, chez Hegel,

[*] Cette question a été, inhabituellement, posée aux enseignant(e)s par le « département de psychanalyse » de l'université de Vincennes avant son « remaniement », à l'automne 1974. Une commission de trois membres désignés par J. Lacan m'écrivit que ce projet « n'avait pu être retenu », sans autre explication. Enseignante au département depuis la création de l'université de Vincennes, j'ai donc été suspendue de mon enseignement. Ces précisions seraient inutiles si une version contraire aux faits n'était donnée tant en France qu'à l'étranger.

chez Brecht. Je tenterai d'analyser ce que supporte — étaye — Antigone dans le fonctionnement de la loi. Comment elle rend manifeste, en s'affrontant au discours qui fait loi, cet étayage souterrain qu'elle garde, cette autre « face » du discours qui fait crise quand elle apparaît au grand jour. D'où son renvoi dans la mort, son « enterrement » dans l'oubli, le refoulement — la censure? — des valeurs qu'elle représente pour la Cité : rapport au « divin », à l'inconscient, au sang rouge (qui doit nourrir la re-semblance, mais sans y faire tache.)

Pourquoi, donc, le verdict du Roi, de la Cité, du Savoir, de la discursivité — mais aussi de ses frères, de ses sœurs — a-t-il toujours été de la condamner à mort pour assurer son, leur, pouvoir? Faut-il voir dans cette sanction les effets d'une époque historique? Ou les *nécessités constituantes de la rationalité?* En quoi celles-ci font-elles actuellement question, et provoquent même une crise?

Quelle est la position du discours psychanalytique au regard de cette question, de cette crise? S'il permet d'en interpréter plus rigoureusement l'enjeu, *accorde-t-il un statut autre au désir féminin?* Un autre langage à la femme que celui de l'hystérique, qui fait matière pour la spéculation?

Ces questions guideront une relecture du discours psychanalytique sur la sexualité féminine, et plus encore sur la différence des sexes et son articulation dans le langage.

Cela pourrait encore se proposer sous cette forme : le discours de la psychanalyse fait répétition-interprétation de la fonction historiquement allouée à la femme. Il fallait, en effet, un discours qui prenne comme enjeu la sexualité même pour que ce qui fonctionnait comme condition de possibilité du discours philosophique, de la rationalité en général, se donne à entendre.

Si, par ailleurs et en même temps, on prend en compte les *apports de la science du langage* — mais aussi ses apories —, on est reconduit au problème de l'énonciation dans la production du discours. A ce que celle-ci parle de l'inconscient, mais aussi à la question : *qu'en est-il des effets de sexuation sur le discours?* Soit : *la différence sexuelle se marque-t-elle dans le fonctionnement du langage, et comment?* Il s'agit donc d'interroger les textes du discours psychanalytique pour lire ce qu'ils énoncent — et comment? — de la sexualité féminine, et plus encore de la différence sexuelle.

Cette lecture est encore une relecture interprétante — du fait de la prise en compte de l'inconscient et de son économie — du discours philosophique. Mais, celui-ci ayant donné les lois de l'ordre du discours, une retraversée de ses moments décisifs et du statut imparti au féminin dans la systématicité discursive s'impose *pour que l'interprétation psychanalytique ne retombe sous les normes de la discursivité philosophique.* Notamment quant à la fonction qu'y assure l' « autre » : dans sa plus grande généralité, le féminin. L'enjeu étant : comment déprendre l'autre — femme — de l'autre du même?

La philosophie, en tant que discours des discours, a aussi réglé — pour une bonne part — celui de la science. De ce point de vue, *le retard historique d'une mathématisation des fluides par rapport à celle des solides* renvoie au même type de problème : pourquoi la mécanique des solides a-t-elle prévalu sur celle des fluides, et quelle complicité entretient cet ordre des choses avec la rationalité? (Cf. « La " mécanique " des fluides »).

De cette rationalité dominante, qu'en advient-il pour la femme? Sinon l' « afemme », « la femme n'existe pas » (J. Lacan). Ce que donne enfin clairement à entendre le discours psychanalytique.

LE MARCHÉ DES FEMMES

La société que nous connaissons, la culture qui est la nôtre, est fondée sur l'échange des femmes. Sans l'échange des femmes, nous retomberions – dit-on – dans l'anarchie (?) du monde naturel, dans l'aléatoire (?) du règne animal. Ce qui assure donc le passage à l'ordre social, à l'ordre symbolique, à l'ordre tout court, c'est que les hommes, ou les groupes d'hommes, font circuler entre eux les femmes : règle connue sous le nom de prohibition de l'inceste.

Quelle que soit la forme familialiste que cette prohibition peut prendre dans un certain état de la société, sa signification est d'une tout autre portée. Elle assure le fondement de l'ordre économique, social, culturel, qui est le nôtre depuis des siècles.

Pourquoi échanger les femmes? Parce qu'elles sont des « commodités raréfiées et essentielles à la vie du groupe », affirme l'anthropologue. Pourquoi ce caractère de raréfaction, étant donné l'équilibre biologique entre naissances d'hommes et de femmes? Parce que « la tendance polygame profonde, dont on peut admettre l'existence chez tous les hommes, fait toujours apparaître comme insuffisant le nombre des femmes disponibles. Et, même si les femmes sont en nombre équivalentes aux hommes, elles ne sont pas toutes également désirables, et, par définition, les femmes désirables sont une minorité » (Lévi-Strauss, *Structures élémentaires de la parenté*).

Les hommes sont-ils tous également désirables? Les femmes n'ont-elles aucune tendance à la polygamie? Questions qui ne se posent pas à l'honnête anthropologue. A fortiori : pourquoi les hommes ne sont-ils pas objets d'échange entre les femmes? C'est que les corps des femmes assurent – de leur usage, de leur consommation, de leur circulation – la condition de possibilité de la socialité et de la culture mais qu'ils restent une « infrastructure » méconnue de leur élaboration. L'exploitation de la matière sexuée femme est si constitutive de notre horizon socio-culturel qu'elle ne peut trouver son interprétation à l'intérieur de celui-ci.

Autrement dit encore : tous les systèmes d'échanges qui organisent les sociétés patriarcales, et toutes les modalités de travail productif qui y sont reconnues, valorisées, rétribuées, sont affaire d'hommes. Femmes, signes, marchandises, sont toujours renvoyés pour leur production à l'homme (quand un homme achète une fille, c'est le père ou le frère qu'il « paie », non la mère...), et ils passent toujours d'un homme à un autre homme, d'un groupe d'hommes à un autre groupe d'hommes. La force de travail est donc toujours supposée masculine, et les « produits » font l'objet d'usage et de transactions entre les seuls hommes.

Ce qui signifie que la possibilité de notre socialité, de notre culture, revient à un monopole hommo-sexuel ? La loi qui ordonne notre société, c'est la valorisation exclusive des besoins-désirs des hommes, et des échanges entre eux. Ce que l'anthropologue désigne comme le passage de la nature à la culture revient donc à l'instauration de l'empire de l'hom(m)o-sexualité. Non dans une pratique « immédiate », mais dans sa médiation « sociale ». Dès lors, les sociétés patriarcales pourraient s'interpréter comme sociétés fonctionnant sur le mode du « semblant ». A la valeur des rapports de (re)production matérielle, naturelle, et corporelle, elles sur-imposent et même substituent la valeur des productions symboliques et imaginaires.

Dans cette nouvelle matrice de l'Histoire, où l'homme engendre l'homme comme son semblable, la femme, la fille, la sœur ne valent que de servir de possibilité et d'enjeu de relations entre hommes. Leur usage et leur commerce sous-tendent, entretiennent, le règne de l'hom(m)o-sexualité masculine, tout en maintenant celle-ci dans des spéculations, des jeux de miroirs, d'identifications, d'appropriations plus ou moins rivales, qui diffèrent sa pratique réelle. Partout régnante, mais interdite dans son usage, l'hom(m)o-sexualité se joue à travers les corps des femmes, matière ou signe, et l'hétérosexualité n'est jusqu'à présent qu'un alibi à la bonne marche des rapports de l'homme à lui-même, des rapports entre hommes. Dont l' « endogamie socio-culturelle » exclut qu'y participe cette autre si étrangère à l'ordre social : la femme. L'exogamie exige sans doute qu'on sorte de sa famille, de sa tribu, de son clan, pour réaliser des alliances. Elle ne tolère pas pour autant le mariage avec des populations trop lointaines, trop extérieures aux règles culturelles en vigueur. Une endogamie socio-culturelle interdirait donc le commerce *avec* les femmes. D'elles, les hommes font commerce, mais sans échanger *avec* elles. D'autant que l'exogamie représente un enjeu économique, peut-être même sous-tend-elle l'économie comme telle? L'échange des femmes comme biens accompagne et stimule les échanges d'autres « richesses » entre les groupes d'hommes. L'économie, au sens restreint et généralisé, en place dans nos sociétés exige donc que les femmes se prêtent à l'aliénation dans la consommation, et aux échanges sans participation à ceux-ci, et que les hommes soient soustraits à l'usage, et à leur circulation comme marchandises.

☆

L'analyse que fait Marx de la marchandise comme forme élémentaire de la richesse capitaliste peut donc s'entendre comme une interprétation du statut de la femme dans les sociétés dites patriarcales. Leur organisation et le travail du symbolique qui la fonde — dont l'instrument et le représentant est le nom propre : du père, de Dieu — contiennent, en germe, les développements que Marx définit comme caractéristiques d'un régime capitaliste : soumission de la « nature » à un « travail » de l'homme qui la constitue ainsi en valeur d'usage et d'échange; division du travail entre producteurs-propriétaires privés qui échangeraient entre eux leurs femmes-marchandises, mais aussi entre producteurs et exploiteurs ou exploités de l'ordre social; étalonnage des femmes selon des noms propres qui déterminent leurs équivalences; tendance à accumuler les richesses, soit à ce que les représentants des noms les plus « propres » — les chefs — capitalisent plus de femmes que les autres; progression du travail social du symbolique vers une abstraction de plus en plus grande; etc.

Certes, les moyens de production ont évolué, les techniques se sont développées, mais il semble que, dès que l'homme-père a été assuré de son pouvoir reproducteur et qu'il a marqué de son nom ses produits — soit dès l'origine de la propriété privée et de la famille patriarcale —, l'exploitation sociale a lieu. Autrement dit, tous les régimes sociaux de l' « Histoire » fonctionnent sur l'exploitation d'une « classe » de producteurs : les femmes. Dont la valeur d'usage reproductrice (d'enfants et de force de travail) et la constitution en valeur d'échange assurent l'ordre symbolique comme tel, sans que pour ce « travail » elles soient, dans cette monnaie, rétribuables. Ce qui impliquerait un double système d'échanges, soit un éclatement de la monopolisation du nom propre (et de ce qu'elle signifie comme pouvoir d'appropriation) par les hommes-pères.

Il y aura donc une répartition du corps social en sujets producteurs ne fonctionnant plus comme marchandises du fait qu'ils servent à celles-ci d'étalon, et en objets-marchandises assurant la circulation des échanges sans y participer comme sujets.

☆

De l'analyse de la valeur par Marx, on reprendra ici quelques points * qui semblent décrire le statut social des femmes.

La richesse revient à ce que l'usage des choses soit relégué au bénéfice de leur accumulation. A ce que *l'usage des femmes soit moins important que leur nombre ?* Posséder une femme est

---

* Ces notes constituent l'annonce des points qui seront développés dans un prochain texte. Toutes les citations sont extraites du *Capital,* section 1, chap. I, traduction Roy. Objectera-t-on que cette interprétation est de caractère analogique ? J'en accepte la question, à condition qu'elle soit aussi, et d'abord, posée à l'analyse que fait Marx de la marchandise. Aristote, « un géant de la pensée » selon Marx, ne déterminait-il pas le rapport de la forme à la matière par analogie à celui du masculin et du féminin ? Retourner à la question de la différence des sexes revient donc, plutôt, à retraverser l'analogisme.

certes indispensable à l'homme pour la valeur d'usage reproductrice qu'elle représente, mais son désir est de les avoir
toutes. De les « accumuler » toutes, dans l'énumération de
leurs conquêtes, séductions, possessions, à la fois successives
et additionnables : en étalon(s).

Toutes, moins une? Car, si on pouvait en clore la série, la
valeur — comme l'écrit Marx — risquerait d'être dans le rapport entre elles et non dans celui à un étalon qui leur reste
extérieur. Or ou phallus.

L'usage des femmes est donc moins valeureux que leur
appropriation une par une. Et leur « utilité » n'est pas ce qui
compte le plus. Les « propriétés » du corps des femmes
ne sont pas ce qui détermine leur prix. Il constitue néanmoins
le support *matériel* de celui-ci.

Mais, de ce corps, il doit être fait *abstraction* quand on les
échange. Ce n'est pas en fonction d'une valeur intrinsèque,
immanente à la marchandise, que cette opération peut avoir
lieu. Elle n'est possible que dans un rapport d'égalité de deux
objets — de deux femmes — à un troisième terme qui n'est
ni l'un ni l'autre. Ce n'est donc pas en tant que « femmes »
que les femmes sont échangées, mais en tant qu'elles sont
ramenées à quelque chose qui leur serait commun — leur cote
en or, ou phallus — et dont elles représenteraient un plus
ou un moins. Pas un plus ou un moins de qualités féminines,
évidemment. Celles-ci éventuellement abandonnées aux
besoins du consommateur, *la femme vaut sur le marché en
fonction d'une seule qualité : celle d'être un produit du « travail »
de l'homme.*

A ce titre, chacune ressemble complètement à l'autre.
Elles ont toutes la même réalité fantomatique. Métamor-
phosées en *sublimés* identiques, échantillons du même travail indistinct, tous ces objets ne manifestent plus qu'une
seule chose, c'est que dans leur production une force de
travail humain a été dépensée, que du travail y est accumulé.
En tant que cristaux de cette substance sociale commune,
elles sont réputées valeur.

*Marchandises, les femmes sont donc deux choses à la fois : objets
d'utilité et porte-valeur.* « Elles ne peuvent donc entrer dans
la circulation qu'autant qu'elles se présentent sous une

double forme, leur forme de nature et leur forme de valeur. »

Mais « la réalité que possède la valeur de la marchandise diffère en ceci de l'amie de Falstaff, la veuve l'Eveillé, qu'on ne sait par où la prendre ». *La femme, objet d'échange, diffère de la femme, valeur d'usage, en ceci qu'on ne saurait par où la prendre,* car, « par un contraste des plus criants avec la grossièreté du corps de la marchandise, il n'y a pas un atome de matière qui pénètre dans sa valeur. On peut donc tourner et retourner à volonté une marchandise prise à part, en tant qu'objet de valeur elle reste insaisissable ». La valeur d'une femme échappe toujours : continent noir, trou dans le symbolique, faille dans le discours... Ce n'est que dans l'opération de l'échange entre femmes que quelque chose – d'énigmatique, certes – peut s'en pressentir. *La femme n'a donc de valeur que de pouvoir s'échanger.* Dans le passage de l'une à l'autre, autre chose enfin existe que l'utilité éventuelle de « la grossièreté de son corps ». Mais cette valeur ne se trouve pas, ne se retrouve pas, en elle. Elle n'est que son étalonnage à un troisième terme qui lui reste extérieur, et qui permet de la comparer à une autre femme, qui lui permet d'avoir rapport à une autre marchandise en fonction d'une équivalence qui leur reste à l'une et à l'autre étrangère.

Les femmes-marchandises sont donc soumises à une schize qui les divise en utilité et valeur d'échange; en corps-matière et enveloppe précieuse mais impénétrable, insaisissable, et inappropriable par elles; en usage privé et usage social.

Pour avoir une *valeur relative,* une marchandise doit être mise face à une autre marchandise qui lui serve d'équivalent. Sa valeur ne se découvre jamais en elle. Et qu'elle vaille plus ou moins n'est pas son fait mais vient de ce à quoi elle peut équivaloir. Sa valeur lui est *transcendante, sur-naturelle, ek-statique.*

Autrement dit, pour la marchandise, pas de miroir qui la redouble en elle et son « propre » reflet. La marchandise ne se mire pas dans une autre, tel l'homme dans son semblable. Car le même miré quand il s'agit de marchandises n'est pas « son » même, n'est en rien ses propriétés, ses qualités, « ses peau et poils ». Ce même n'est qu'une mesure exprimant le caractère *fabriqué* de la marchandise. Sa trans-formation par le

« travail » (social, symbolique) de l'homme. Le miroir qui enveloppe et transit la marchandise spécularise, spécule, le « travail » de l'homme. *Les marchandises, les femmes, sont miroir de valeur de/pour l'homme.* Pour ce faire, elles lui abandonnent leurs corps comme support-matière de spécularisation, de spéculation. Elles lui abandonnent leur valeur naturelle et sociale comme lieu d'empreintes, de marques, et de mirage de son activité.

Les marchandises entre elles ne sont donc ni égales, ni semblables, ni différentes. Elles ne le deviennent qu'en tant qu'étalonnées par et pour l'homme. Et *la prosopopée du rapport des marchandises entre elles est une projection* par laquelle les producteurs-échangeurs leur font rejouer devant eux leurs opérations de spécula(risa)tion. C'est oublier que pour (se) réfléchir, (se) spéculer, il faut être « sujet », et que la matière peut servir de support de spéculation mais qu'elle ne peut en rien se spéculer elle-même.

Ainsi, dès le plus simple rapport d'équivalence entre marchandises – à partir de l'échange possible des femmes –, toute l'énigme de la forme monnaie – de la fonction phallique – est en germe. Soit l'appropriation-désappropriation par l'homme, pour l'homme, de la nature et de ses forces productrices, en tant qu'un certain miroir maintenant divise, travestit et la nature et le travail. Les marchandises produites par l'homme sont douées, par lui, d'un narcissisme qui floue le sérieux de l'utilité, de l'usage. Le désir, dès l'échange, « pervertit » le besoin. Mais cette perversion sera attribuée aux marchandises et à leurs prétendus rapports. Alors qu'elles n'en peuvent avoir que dans l'optique de tiers spéculateurs.

L'économie de l'échange – du désir – est une affaire d'hommes. A double titre : l'échange a lieu entre sujets masculins, l'échange exige un *en-plus* surajouté au corps de la marchandise, en-plus qui lui donne une forme valeureuse. Cet en-plus, elle le trouverait – écrit Marx – dans une autre marchandise, dont la valeur d'usage deviendrait, dès lors, étalon de valeur.

Mais cet en-plus dont jouirait une des marchandises pourrait varier : « de même que maint personnage important dans un costume galonné devient tout à fait insignifiant si les galons lui manquent », ou encore « que le particulier A ne saurait représenter pour l'individu B une majesté sans que la majesté aux yeux de B revête immédiatement et la figure et le corps de A ; c'est pour cela probablement qu'elle change avec chaque nouveau père du peuple, de visage, de cheveux et de mainte chose ». Les marchandises – « choses » produites – auraient donc le respect du galon, de la majesté, de l'autorité paternelle. Et encore : de Dieu. « Sa propriété de valoir – celle de la toile – apparaît dans son égalité avec l'habit, comme la nature moutonnière du chrétien dans sa ressemblance avec l'agneau de Dieu. »

La marchandise a donc le culte du père, et elle n'a de cesse que de ressembler à, de mimer, qui en est le tenant-lieu. C'est de cette ressemblance, du mime de ce qui représente l'autorité paternelle, que la marchandise tire sa valeur – pour les hommes. Mais, ce coup de force, c'est aux marchandises que les producteurs-échangeurs le font porter. « Comme on le voit, tout ce que l'analyse de la valeur nous avait révélé auparavant, la toile elle-même le dit, dès qu'elle entre en société avec une autre marchandise, l'habit. Seulement, elle ne trahit ses pensées que dans le langage qui lui est familier, le langage des marchandises. Pour exprimer que sa valeur vient du travail humain, dans sa propriété abstraite, elle dit que l'habit, en tant qu'il vaut autant qu'elle, c'est-à-dire est valeur, se compose du même travail qu'elle-même. Pour exprimer que sa réalité sublime, comme valeur, est distincte de son corps raide et filamenteux, elle dit que la valeur a l'aspect d'un habit, et que par conséquent elle-même, comme chose valable, ressemble à l'habit comme un œuf à un autre. Remarquons en passant que la langue des marchandises possède, outre l'hébreu, beaucoup d'autres dialectes et patois plus ou moins corrects. Le mot allemand *Wertsein,* par exemple, exprime moins nettement que le verbe roman *valere, valer,* et le français *valoir,* que l'affirmation de l'équivalence de la marchandise B avec la marchandise A est l'expression propre de la valeur de cette dernière. Paris vaut bien une messe. »

Les marchandises parleraient donc. Certes, surtout dialectes et patois, langages peu compréhensibles pour les « sujets ». L'important est qu'elles se préoccuperaient de leurs valeurs respectives, soit que leurs propos confirmeraient les projets des échangeurs sur elles.

Le corps d'une marchandise deviendrait donc pour une autre miroir de sa valeur. A condition d'un *en-plus* de corps. Un en-plus *contraire* à la valeur d'usage, un en-plus qui représente une qualité *sur-naturelle* de la marchandise — un caractère d'empreinte purement sociale —, un en-plus complètement différent de son corps lui-même, et de ses propriétés, un en-plus qui n'existe toutefois qu'à condition qu'une marchandise accepte de se rapporter à une autre considérée comme équivalent : « Ainsi un homme n'est-il roi que parce que d'autres hommes se considèrent comme ses sujets et agissent en conséquence. »

Cet en-plus de l'équivalent traduit en travail abstrait du travail concret. Autrement dit, pour pouvoir s'incorporer à un miroir de valeur, il faut que le travail ne reflète lui-même que sa propriété de travail humain : que le corps d'une marchandise ne soit plus que matérialisation d'un travail humain abstrait. C'est-à-dire qu'elle n'ait plus de corps, de matière, de nature, mais qu'elle soit objectivation, cristallisation en objet visible, de l'activité de l'homme.

Pour devenir équivalent, la marchandise change de corps. A son origine matérielle se substitue une origine sur-naturelle, méta-physique. Ainsi son corps devient-il corps transparent, *pure phénoménalité de la valeur.* Mais cette transparence constitue un en-plus à l'opacité matérielle de la marchandise.

Encore une fois, entre les deux, la schize existe. Double face, double pôle, la nature et le social sont divisés, tels le sensible et l'intelligible, la matière et la forme, l'empirique et le transcendantal... La marchandise, tel le signe, souffre de dichotomies métaphysiques. Sa valeur, sa vérité, est le social. Mais ce social est surajouté à sa nature, à sa matière, et il la subordonne comme moindre valeur, voire comme non-valeur. La participation au social exige que le corps se soumette à une spécularisation, une spéculation, qui le transforme en objet porte-valeur, en signe étalonné, en signifiant monnayable, en « semblant » référé à un modèle qui fait autorité. *La marchandise — la femme — est divisée en deux « corps » irréconciliables :* son corps « naturel », et son corps valeureux socialement, échangeable : expression (notamment mimétique) de valeurs masculines. Sans doute ces valeurs expriment-elles aussi de la « nature », soit de la dépense de force physique. Mais celle-ci — essentiellement masculine, d'ailleurs — sert à la fabrication, à la transformation, à la technicisation des productions naturelles. Et c'est cette propriété *sur*-naturelle qui va constituer la valeur du produit. Analysant ainsi la valeur, Marx donne à voir le caractère méta-physique du fonctionnement social.

La marchandise est donc chose double dès que sa valeur possède une forme phénoménale propre, distincte de sa forme naturelle : celle de valeur d'échange. Et elle ne possède jamais cette forme si on la considère isolément. Cette forme phénoménale surajoutée à sa nature, une marchandise ne l'a qu'en rapport avec une autre.

Comme entre signes, la valeur n'apparaît que de la mise en relation. Reste que cette mise en relation ne peut être réalisée par eux — par elles —, mais correspond à l'opération de deux échangeurs. La valeur d'échange de deux signes, deux marchandises, deux femmes, est une représentation des besoins-désirs de sujets consommateurs-échangeurs : elle ne leur est en rien « propre ». A la limite, les marchandises — voire leurs rapports — sont l'alibi matériel du désir de relations entre hommes. Pour ce faire, les marchandises sont désappropriées de leur corps et revêtues d'une forme qui les approprie à l'échange entre hommes.

Mais, dans cette forme valeureuse, s'ek-stasie le désir de cet échange, et le reflet que l'homme y recherche de sa valeur et de celle de son semblable. Dans ce suspens dans la marchandise du rapport entre hommes s'aliènent les sujets producteurs-consommateurs-échangeurs. Pour « supporter » et entretenir cette aliénation, les marchandises, elles, ont toujours été dépossédées de leur valeur spécifique. A ce titre, on peut affirmer que la valeur des marchandises revêt *indifféremment* toute forme particulière de valeur d'usage. Leur prix, en effet, ne leur vient plus de *leur* forme naturelle, de *leur* corps, de *leur* langage, mais de ce qu'elles mirent du besoin-désir d'échanges entre hommes. Pour ce faire, la marchandise ne peut évidemment exister seule, mais il n'y a pas non plus de « marchandise » tant qu'il n'y a pas *au moins deux hommes* pour échanger. Pour qu'un produit – une femme? – ait valeur, il faut que deux hommes, au moins, l'investissent.

L'équivalent général des marchandises ne fonctionne plus lui-même comme marchandise. Miroir éminent, transcendant à leur monde, il assure la possibilité d'échange universel entre elles. Chacune peut devenir équivalente à chacune au regard de cet étalon sublime, mais ce suspens de l'estimation de leur valeur à quelque transcendantal les rend, pour l'immédiat, inéchangeables entre elles. Elles s'échangent dans l'équivalent général – comme les chrétiens s'aiment en Dieu, pour reprendre une métaphore théologique chère à Marx.

Cette référence ek-statique les sépare radicalement l'une de l'autre. *Une valeur abstraite et universelle les soustrait à l'usage et l'échange entre elles.* Elles sont, en quelque sorte, transformées en idéalités valeureuses. Leurs formes concrètes, leurs qualités spécifiques, et toutes possibilités de relations « réelles » avec elles ou entre elles, sont réduites dans leur caractère commun de produits du travail-désir de l'homme.

Il faut souligner aussi que *l'équivalent général,* de n'être plus marchandise, *n'a plus d'utilité. L'étalon comme tel est soustrait à l'usage.*

Si la marchandise paraît au premier coup d'œil quelque chose de trivial et qui se comprend de soi-même, elle est « au contraire une chose très complexe, pleine de subtilités métaphysiques et d'arguties théologiques ». Sans doute, « en tant que valeur d'usage, il n'y a en elle rien de mystérieux ». « Mais, dès qu'elle se présente comme marchandise, c'est une tout autre affaire. A la fois saisissable et insaisissable, il ne lui suffit pas de poser ses pieds sur le sol; elle se dresse, pour ainsi dire, sur sa tête (de bois) en face des autres marchandises et se livre à des caprices plus bizarres que si elle se mettait à danser. »

« Le caractère mystique de la marchandise ne provient donc pas de sa valeur d'usage. Il ne provient pas davantage des caractères qui déterminent sa valeur. Si variés que puissent être les travaux utiles ou les activités productrices, c'est une vérité physiologique qu'ils sont avant tout des fonctions de l'organisme humain », qui, pour Marx, ne semble en rien constituer un mystère... L'apport et support matériels des corps dans le fonctionnement social ne lui fait pas question, sinon en tant que production et dépense d'énergie.

D'où provient donc le caractère énigmatique du produit du travail, dès qu'il revêt la forme d'une marchandise? Évidemment, de cette forme elle-même. *D'où provient donc le caractère énigmatique des femmes?* Voire de leurs supposés rapports entre elles? Évidemment, de la « forme » des besoins-désirs de l'homme qu'elles font apparaître sans qu'ils la reconnaissent. Toujours enveloppée(s), voilée(s).

En tout cas, « la forme valeur et le rapport de valeur des produits du travail n'ont absolument rien à faire avec leur nature physique. C'est seulement un rapport social déterminé des hommes entre eux qui revêt ici pour eux la forme fantastique des choses entre elles ». *Ce phénomène n'a d'analogie que dans le monde religieux.* « Là, les produits du cerveau humain ont l'aspect d'êtres indépendants, doués de corps. Il en va de même des produits de la main de l'homme dans le monde marchand. » D'où le fétichisme attaché à ces produits du travail dès qu'ils se présentent comme marchandises.

D'où *le caractère d'objets-fétiches des femmes* en tant que, dans l'échange, elles sont la manifestation et la circulation d'un pouvoir du Phallus, mettant en relations les hommes entre eux?

☆

De là ces remarques :

Sur la valeur.

Elle représente l'équivalent d'une force de travail, d'une dépense d'énergie, d'une peine. Pour être mesurées, celles-ci doivent être *abstraites* de toutes qualités immédiatement naturelles, de tout individu concret. Un processus de généralisation et d'universalisation s'impose dans le fonctionnement des échanges sociaux. D'où la réduction de l'homme à un « concept » — celui de sa force de travail —, et celle de son produit à un « objet », corrélat visible, matériel, de ce concept.

Les caractères de la « jouissance » correspondant à un tel état social sont donc : sa productivité, mais forcément laborieuse, voire douloureuse; sa forme abstraite; son besoin-désir de cristalliser dans un transcendantal de la richesse l'étalon de toute valeur; son besoin d'un support matériel où se mesure le rapport d'appropriation à/de cet étalon; ses relations d'échanges — toujours rivales — entre les seuls hommes, etc.

Ces modalités ne sont-elles pas celles qui pourraient définir l'économie de la sexualité (dite) masculine? Et la libido n'est-elle pas un autre nom de l'abstraction de l' « énergie » dans une force productrice? Pour le travail de la nature? Un autre nom du désir de l'accumulation des biens? Un autre nom de la subordination des qualités spécifiques des corps à une puissance — neutre? — qui vise avant tout à les transformer pour les posséder? La jouissance, pour la sexualité masculine, consiste-t-elle en autre chose qu'en l'appropriation de la nature, en désir de la faire (re)produire, et en échanges de ses/ces produits avec les autres membres de la société? Jouissance essentiellement *économiste*.

De là cette question : *quels besoins-désirs de la sexualité (dite) masculine ont déterminé un certain ordre social,* de sa forme primitive, la propriété privée, à sa forme développée, le capital? Mais aussi : *dans quelle mesure sont-ils l'effet d'un fonctionnement social,* pour une part devenu autonome, qui les produit tels quels?

Sur le statut des femmes dans un tel ordre social.

Ce qui le rend possible, en assure le fondement, c'est donc *l'échange des femmes.* C'est la circulation des femmes entre hommes qui met en place le fonctionnement social, du moins patriarcal. Ce qui suppose : l'appropriation de la nature par l'homme; sa transformation suivant des critères « humains » définis par les seuls hommes; sa soumission au travail, à la technique; la réduction de ses qualités matérielles, corporelles, sensibles, en valeur abstraite d'échange, et d'ailleurs la réduction de tout le monde sensible en activité pratique concrète de l'homme; l'égalité des femmes entre elles, mais en fonction de lois d'équivalence qui leur restent extérieures; la constitution des femmes en « objets » qui figurent la matérialisation des relations entre hommes, etc.

Les femmes représenteraient donc une valeur naturelle et une valeur sociale. Leur « devenir » serait le passage de l'une à l'autre. Mais il n'aurait jamais lieu simplement.

En tant que mère, la femme resterait du côté de la nature (re)productrice et, de ce fait, le rapport de l'homme au « naturel » ne serait jamais complètement surmonté. Sa socialité, son économie, sa sexualité, auraient toujours affaire au travail de la nature : elles resteraient donc toujours encore au niveau de la première appropriation, celle de la constitution de la nature en bien foncier, et du premier travail, agricole. Mais ce rapport, insurmontable, à la nature productrice devrait se dénier dans la prévalence des relations entre hommes. C'est dire que la mère, instrument reproducteur marqué du nom du père et enfermé dans sa maison, sera propriété privée, interdite aux échanges. La *prohibition de l'inceste* représente cet interdit de l'entrée de la nature productrice dans les échanges entre hommes. Valeur naturelle et valeur d'usage, la mère ne peut circuler sous forme de marchandise sous peine d'abolir l'ordre social. Nécessaire à sa (re)production (notamment en tant que (re)productrice d'enfants et de force de travail : par le maternage, le nourrissage, et plus généralement, l'entretien domestique), sa fonction est de l'entretenir sans que son intervention le modifie. Ses produits n'y auront d'ailleurs cours que marqués du nom du père, que pris dans sa loi : c'est-à-dire en tant qu'appropriés par lui. La société serait le lieu de l'engendrement de l'homme par lui-même, de la production de l'homme en tant qu'homme, de sa naissance à l'existence « humaine », « sur-naturelle ».

La femme-vierge, par contre, est pure valeur d'échange. Elle n'est rien que la possibilité, le lieu, le signe, des relations entre hommes. En elle-même, elle n'existe pas : simple enveloppe recouvrant l'enjeu de la circulation sociale. A ce titre, son corps naturel est aboli dans sa fonction représentative. Le *sang rouge* demeurerait du côté de la mère, mais il n'aurait pas de prix, comme tel, dans l'ordre social; la femme, elle, en tant que monnaie d'échange, ne serait plus que *semblant.* Le passage — ritualisé — de la femme à la mère se réalise par la *transgression d'une enveloppe :* l'hymen. Il a été constitué en *tabou :* celui de la virginité. La femme, déflorée, serait renvoyée à sa valeur d'usage et à son emprise dans la propriété privée. Soustraite à l'échange entre hommes.

Reste *la prostituée.* Implicitement tolérée, explicitement condamnée, par l'ordre social. Sans doute parce que la coupure entre usage et échange est, en elle, moins nette? Les qualités du corps de la femme y sont « utiles ». Cependant, elles n'ont de « valeur » que d'avoir été appropriées par un homme, et de servir de lieu de rapports — occultés — entre hommes. La prostitution serait *de l'usage qui s'échange.* Non en tant que virtuel, mais déjà réalisé. C'est d'avoir déjà servi que le corps de la femme tirerait son prix. A la limite, plus il a servi, plus il vaut. Non qu'un déploiement de ses richesses naturelles ait été ainsi effectué, mais, au contraire, parce que sa nature s'y est usée, et est redevenue simple véhicule de relations entre hommes.

Mère, vierge, prostituée, tels sont les rôles sociaux imposés aux femmes. Les caractères de la sexualité (dite) féminine en découlent : valorisation de la reproduction et du nourrissage; fidélité; pudeur, ignorance, voire désintérêt du plaisir; acceptation passive de l' « activité » des hommes; séduction pour susciter le désir des consommateurs, mais s'offrant comme support matériel à celui-ci sans en jouir;... *Ni comme mère, ni comme vierge, ni comme prostituée, la femme n'a droit à sa jouissance.*

Sans doute, les théoriciens de la sexualité s'étonnent parfois de la frigidité des femmes. Mais, selon eux, celle-ci s'expliquerait plus par une impuissance de la « nature » féminine que par la soumission de celle-ci à un certain type de société.

Pourtant, *ce qui est requis d'une sexualité féminine « normale »* *évoque étrangement les caractères du statut des marchandises.* Avec des rappels et des rejets tout aussi ambigus du « naturel » : du physiologique, de l'organique, etc.

Et :

— de même que la nature doit être soumise à l'homme pour devenir marchandise, ainsi y aura-t-il « un devenir une femme normale ». Ce qui revient, pour le féminin, à une subordination aux formes et aux lois de l'activité masculine. Le rejet de la mère — imputé à la femme — y trouverait sa « cause »;

— de même que, dans la marchandise, l'utilité naturelle s'estompe dans la fonction de l'échange, ainsi les propriétés du corps de la femme doivent-elles s'effacer devant ce qu'exige sa trans-formation en objet de circulation entre hommes;

— de même que la marchandise ne dispose pas d'un miroir qui la réfléchisse elle-même, ainsi la femme sert-elle de reflet, d'image de/pour l'homme, mais manque de qualités spécifiques. Sa forme valeureuse revient à ce que l'homme inscrit dans et sur sa matière : son corps;

— de même que les marchandises ne peuvent s'échanger entre elles sans l'intervention d'un sujet qui les étalonne, ainsi des femmes. Distinguées, divisées, séparées, semblables et différentes, selon qu'on les aura estimées échangeables. En elles-mêmes, entre elles-mêmes, amorphes, confondues, corps naturel, maternel, utile sans doute pour le consommateur, mais sans identité possible, ni valeur communicable;

— de même que les marchandises deviennent, à leur corps défendant, dépositaires, quasi autonomes, de la valeur du travail humain, ainsi, en étant miroir de/pour l'homme, les femmes deviennent-elles, quasiment à leur insu, le risque de la désappropriation de la puissance masculine : mirage phallique;

— de même qu'une marchandise trouve l'expression de sa valeur dans un équivalent — en fin de compte, général — qui lui reste forcément extérieur, de même la femme tire-t-elle son prix de son rapport au sexe masculin, constitué en transcendantal : le phallus. Et l'énigme de la « valeur » est bien dans le rapport le plus élémentaire entre marchandises. Entre femmes. Car, déracinées de leur « nature », elles ne se rapportent plus les unes aux autres qu'en fonction de ce qu'elles représentent dans le désir des hommes, et selon les « formes » qu'il lui impose. Entre elles, elles sont séparées par ses spéculations.

C'est dire que la division du « travail » — notamment sexuel — exige que la femme entretienne de son corps le substrat matériel de l'objet du désir, mais qu'à celui-ci elle n'accède jamais. L'économie du désir — de l'échange — est une affaire d'hommes. Et cette économie soumet les femmes à une schize nécessaire au fonctionnement symbolique : sang rouge/semblant; corps/enveloppe valeureuse; matière/monnaie d'échange; nature (re)productrice/féminité fabriquée... Cette schize — le fait de toute nature parlante, objectera-t-on — est subie par les femmes sans qu'elles en tirent profit. Et sans qu'elle soit, par elles, surmontable. Elles n'en sont même pas « conscientes ». Le symbolique qui, ainsi, les fend en deux ne leur est, en rien, approprié. En elles, le « semblant » reste extérieur, étranger à la « nature ». *Socialement,* elles sont « objets » pour et entre hommes et ne peuvent, par ailleurs, que mimer un « langage » qu'elles n'ont pas produit; *naturellement,* elles restent amorphes, souffrant de pulsions sans représentants ou représentations possibles. La transformation du naturel en social pour elles n'a pas lieu, sinon au titre de parties de la propriété privée ou de marchandises.

Caractères de cet ordre social.

Ce type de fonctionnement social peut s'interpréter comme *la réalisation pratique du méta-physique.* D'être son destin *pratique,* il figurerait aussi sa *forme la plus achevée.* Si opérante d'ailleurs que les sujets mêmes, y étant de part en part impliqués, y étant produits comme concepts, n'auraient pas de quoi l'analyser. Sinon dans un après-coup dont on n'a pas fini de mesurer les retards...

Cette réalisation pratique du méta-physique aurait son opération fondatrice dans l'appropriation du corps des femmes par le père ou ses tenant-lieu. Elle serait marquée par leur soumission à un système d'équivalent général : le nom propre, représentant le monopole du pouvoir par le père. C'est de cet étalonnage que les femmes recevraient leur valeur : passant de l'état de nature à celui d'objet social. Cette trans-formation du corps des femmes en valeur d'usage et d'échange inaugure l'ordre symbolique. Mais celui-ci fonctionne sur une *plus-value quasiment pure*. Les femmes, animaux doués de parole comme les hommes, vont assurer la possibilité de l'usage et de la circulation du symbolique sans y être pour autant partie prenante. C'est le non-accès, pour elles, au symbolique qui établit l'ordre social. Mettant en rapport, en relations, les hommes entre eux, les femmes ne réalisent cette fonction qu'en y abandonnant leur droit à la parole et, d'ailleurs, à l'animalité. Plus dans l'ordre naturel, pas encore dans l'ordre social qu'elles entretiennent cependant, les femmes sont le symptôme de l'exploitation d'individus par une société qui ne les rémunère que partiellement, voire pas du tout, pour leur « travail ». A moins que la subordination à un système qui vous utilise et vous opprime ne soit considérée comme une rétribution suffisante ?... Que le fait d'estamper les femmes par le nom propre – du « père » – soit évalué comme le prix symbolique qui leur revient pour soutenir de leurs corps l'ordre social ?

Mais en soumettant les corps des femmes à un équivalent général, à une valeur transcendante, sur-naturelle, les hommes ont entraîné le fonctionnement social dans un processus d'abstraction de plus en plus grand, jusqu'à y être produits, eux-mêmes, comme purs concepts : ayant surmonté toutes leurs qualités « sensibles » et différences individuelles, ils seraient enfin réduits à une production moyenne de travail. La puissance de cette économie pratique du métaphysique s'expliquerait par le fait que l'énergie « physiologique » serait transformée en valeur abstraite sans la médiation d'une élaboration intelligible. Aucun sujet particulier n'en réaliserait plus l'opération. Ce n'est qu'après coup qu'il pourrait, éventuellement, analyser sa détermination comme tel, par le social. Et, même alors, il n'est pas sûr que son amour de l'or ne lui fasse pas renoncer à tout plutôt qu'au culte de ce fétiche. « Le thésauriseur sacrifie donc à ce fétiche tous les penchants de sa chair. Personne plus que lui ne prend au sérieux l'évangile du renoncement. »

Heureusement — si l'on peut dire — resteraient les femmes-marchandises, simples « objets » de transaction entre hommes. Leur situation d'exploitation spécifique dans le fonctionnement des échanges — sexuels, mais plus générale-ment économiques, sociaux, culturels — pourrait les conduire à faire une nouvelle « critique de l'économie politique ». *Critique qui n'éviterait plus celle du discours, et plus généralement du système symbolique, dans lesquels elle se réalise.* Ce qui amènerait à interpréter de manière différente l'impact du travail social symbolique dans l'analyse des rapports de production.

Car, sans l'exploitation des femmes, qu'adviendrait-il de l'ordre social? Quelles modifications subirait celui-ci si les femmes sortaient de leur condition de marchandises — sou-mises à la production, la consommation, la valorisation, la circulation... par les seuls hommes — et prenaient part à l'élaboration et au fonctionnement des échanges? Non en reproduisant, en mimant, les modèles « phallocratiques » qui font aujourd'hui la loi, mais en socialisant autrement le rap-port à la nature, à la matière, au corps, au langage, au désir.

DES MARCHANDISES
ENTRE ELLES

Les échanges qui organisent les sociétés patriarcales ont lieu, exclusivement, entre hommes. Femmes, signes, marchandises, monnaie, passent toujours d'un homme à un autre homme, sous peine — affirme-t-on — de retomber dans des liens incestueux et exclusivement endogamiques, qui paralyseraient tout commerce. La force de travail, les produits, y compris de la terre-mère, feraient donc l'objet de transactions entre les seuls hommes. Ce qui signifie que la *possibilité même du socio-culturel exigerait l'homosexualité.* Telle serait la loi qui l'ordonne. L'hétérosexualité revenant à une assignation de rôles dans l'économie : sujets producteurs et échangeurs les uns, terre productrice et marchandises les autres.

La culture, du ·moins patriarcale, fonctionnerait bien comme l'interdit du retour au *sang rouge,* y compris du sexe. *S'ensuit l'empire du semblant, qui méconnaît encore ses endogamies.* Car il n'y aurait de sexe, et de sexes différents, que prescrit par la bonne marche des rapports entre hommes.

Pourquoi, dès lors, considérer l'homosexualité masculine comme un fait d'exception, alors qu'elle sous-tend l'économie générale ? Pourquoi exclure les homosexuels, quand la société postule l'homosexualité ? Sinon parce que « *l'inceste » là à l'œuvre doit rester dans le semblant.*

Ainsi, exemplairement, en va-t-il des *relations père-fils,* qui assurent la généalogie du pouvoir patriarcal, ses lois, son discours, sa socialité. Partout effectives, ces relations ne peuvent ni disparaître — dans l'abolition de la famille ou de la reproduction monogamique —, ni s'exhiber dans leur amour pédérastique, ni se pratiquer autrement que dans le seul langage, sans provoquer une crise générale. Un certain symbolique y trouverait sa fin.

Les « autres » relations homosexuelles — masculines — seraient également subversives, donc interdites. *Interprétant, ouvertement, la loi du fonctionnement social,* elles risquent, en effet, d'en déplacer l'horizon. Outre qu'elles mettent en cause la nature, le statut, la nécessité « exogamique » du produit de l'échange. Court-circuitant l'opération commerciale, elles en démasqueraient aussi le véritable enjeu? Elles peuvent, encore, dévaloriser la valeur, sublime, de l'étalon. Que le pénis, même le pénis, devienne simple moyen de plaisir, et entre hommes : *le phallus y perd son pouvoir*. La jouissance, on le dit, devrait être laissée à ces créatures peu aptes au sérieux des règles symboliques que sont les femmes.

Les échanges et rapports, toujours entre hommes, seraient donc *à la fois requis et interdits par la loi*. Échangeurs, les sujets masculins ne le seraient qu'au prix de renoncer à fonctionner eux-mêmes comme marchandises.

Homosexuelle donc toute gestion économique. Celle aussi du désir, y compris pour la femme. Celle-ci n'a lieu que comme possibilité de médiation, de transaction, de transition, de transfert... entre l'homme et son semblable, voire entre l'homme et lui-même.

☆

Si ce statut étrange de la dite hétérosexualité a pu, et peut encore, passer inaperçu, *comment rendre compte, dans ce système d'échanges, de relations entre femmes?* Sinon en affirmant que dès qu'elle (se) désire, dès qu'elle (se) parle, la femme est un homme. Dès qu'elle a rapport à une autre femme : *un* homosexuel.

C'est ce que démontre Freud dans ses analyses de l'homosexualité féminine *.

Une homosexuelle ne peut être déterminée dans son choix que par un « complexe de virilité ». Que celui-ci soit « la prolongation en ligne droite de la virilité infantile » ou « la régression vers l'ancien complexe de virilité », *l'homosexuelle ne peut désirer qu'en tant qu'homme une femme qui lui évoque un*

---

* Cf. « Psychogénèse d'un cas d'homosexualité féminine », in *Névrose, psychose et perversion*, P.U.F.

homme. Ainsi les homosexuelles « jouent-elles vis-à-vis l'une de l'autre indifféremment le rôle de la mère et de l'enfant, ou du mari et de la femme ».

La mère : le pouvoir phallique; l'enfant : n'est toujours qu'un petit garçon; le mari : un homme-père. La femme? « N'existe pas. » Elle emprunte le travesti qu'on lui demande de revêtir. Elle mime le rôle qu'on lui impose. La seule chose vraiment requise d'elle est d'*entretenir, sans y faire tache, la circulation du semblant en s'enveloppant de féminité.* D'où la faute, l'infraction, l'inconduite, la question, qu'entraîne l'homosexualité féminine. Comment la réduire? En n'y voyant que le faire comme un homme.

Donc l'homosexuelle, celle de Freud en tout cas, « prenait nettement le type masculin dans son comportement vis-à-vis de l'objet aimé », « non seulement elle avait choisi un objet du sexe féminin, mais encore elle avait adopté vis-à-vis de cet objet une attitude virile », elle était devenue « homme et à la place de son père, avait pris sa mère (phallique) comme objet d'amour », mais sa fixation à « la dame » s'expliquait quand même par le fait que « la taille élancée de celle-ci, sa sévère beauté et ses manières rudes lui rappelaient son propre frère un peu plus âgé qu'elle ».

Comment rendre compte de cette « perversion » de la fonction sexuelle assignée à une femme « normale »? L'interprétation par le psychanalyste ne semble pas là chose aisée. L'homosexualité féminine apparaît comme un phénomène tellement étranger à sa « théorie », à son imaginaire (culturel), qu'il ne peut qu'en « négliger l'interprétation psychanalytique ».

Reste, donc, pour que la science n'en soit pas trop ébranlée, de renvoyer cette question gênante à une cause anatomophysiologique : « Certes, le facteur constitutionnel a là, c'est incontestable, une importance décisive. » Et Freud sera à l'affût des indices anatomiques justifiant l'homosexualité – *masculine* – de sa « patiente ». Sans doute « le type de la jeune fille ne s'écartait pas du type physique de la femme », elle était « belle et bien faite », et « ne présentait pas non plus de troubles de la menstruation », mais « elle avait, il est vrai, la haute stature de son père et des traits de visage accentués plutôt que fémininement gracieux, ce que l'on pouvait considérer comme des indications d'une virilité somatique », outre « ses qualités intellectuelles indiquant plutôt un caractère viril ». Mais... « le psychanalyste a coutume, dans certains cas, de s'interdire un examen physique approfondi de ses malades ».

Sinon, qu'aurait découvert Freud comme preuve anatomique de l'homosexualité – *masculine* – de sa « patiente »? Qu'est-ce que son désir, inavouable, de *travestis,* lui aurait fait « voir »? Pour recouvrir tous ses/ces fantasmes d'une objectivité toujours anatomo-physiologique, il ne parle que d'« ovaires probablement hermaphrodites ». Et... il congédie la jeune fille, lui conseillant de « continuer la tentative thérapeutique, si toutefois on lui attribuait quelque valeur, chez une femme médecin ».

Rien de l'homosexualité *féminine* n'a été abordé. Ni celle de la jeune fille ni celle de Freud. Aussi bien la « patiente » semblait-elle absolument indifférente au déroulement de la cure, bien qu'y « participant beaucoup intellectuellement ». *Le seul transfert en cause serait celui de Freud?* Négatif, comme on dit. Ou : dénégatif. Car s'identifier à une dame... qui plus est « de mauvaise réputation sexuelle », de « mœurs légères », qui « vivait tout simplement du commerce de ses charmes », comment le pouvait-il? Comment son « surmoi » aurait-il pu l'autoriser à être « tout simplement » une femme? C'était, pourtant, la seule façon de ne pas interdire le transfert de sa « patiente ».

L'homosexualité féminine a donc échappé au psychanalyste. Ce qui n'est pas dire que ce que décrit Freud est simplement inexact. L'économie socio-culturelle dominante ne laisse aux « homosexuelles » que le choix entre une sorte d'*animalité* que Freud semble méconnaître ou le *mime de modèles masculins.* La mise en jeu de désirs entre corps, sexes, paroles, de femmes y est inconcevable.

Cependant, l'homosexualité féminine existe déjà. Mais elle n'est admise qu'en tant que *prostituée aux fantasmes des hommes.* Les marchandises ne peuvent entrer en relations que sous le regard de leurs « gardiens ». Pas question qu'elles aillent seules au « marché », qu'elles jouent de leur valeur entre elles, qu'elles se parlent, se désirent, sans le contrôle de sujets vendeurs-acheteurs-consommateurs. Et leurs rapports doivent être de rivalité dans l'intérêt des commerçants.

☆

Et si les « marchandises » refusaient d'aller au « marché »? Entretenant entre elles un « autre » commerce?

Échanges sans termes identifiables, sans comptes, sans fin... Sans un(e) plus un(e), sans série, sans nombre. Sans étalon. Où le *sang rouge* et le *semblant* ne seraient plus distingués par des enveloppes trompeuses sur leurs prix. Où l'usage et l'échange se confondraient. Où le plus de valeur serait, aussi bien, le moins de réserve. Où la nature se dépenserait, sans épuisement; s'échangerait, sans travail; se donnerait — à l'abri des transactions masculines — pour rien : plaisirs gratuits, bien-être sans peines, jouissances sans possessions. Ironie pour les calculs, les épargnes, les appropriations plus ou moins v(i)oleuses, les capitalisations laborieuses.

Utopie? Peut-être. A moins que ce mode d'échange mine depuis toujours l'ordre du commerce. Mais que l'*obligation de l'inceste dans le pur semblant* ait interdit une certaine économie de l'abondance.

« FRANÇAISES »,
NE FAITES PLUS UN EFFORT...

Dans la scène pornographique, je n'ai rien à dire.

Je dois écouter et répéter l'enseignement d'un maître libertin adressé à une – un ? – jeune étrangère qui débarque de son ignorance, et je dois me soumettre, voluptueusement, à ses pratiques. Ou à celles de ses acolytes ? – préférence socratique oblige. J'ai, au plus, à manifester mon enthousiasme : « Oui, oui, oui... », « Certes », « Évidemment », « Assurément », « Comment en serait-il autrement ? », « Qui pourrait dire le contraire ? », et autres sons, moins articulés, qui prouvent au maître que je suis extasiée de son savoir-dire ou faire.

C'est le cas : je suis hors de moi. Pâmée. Paumée (c'est-à-dire aussi : battue). A partir de là – professe-t-il – j'entre dans ma jouissance. Il faut, d'abord, que je perde connaissance – et existence ? – par le pouvoir, théorique et pratique, de sa langue.

S'il arrivait que, restant aussi hors de la scène, je résiste, ou subsiste, à l'emprise de cette autorité souveraine, je hasarderais, vis-à-vis du maître libertin, quelques questions. Qu'il n'entendra pas. Ou qu'il recevra comme la preuve d'une infidélité à ce qu'il appelle « ma nature ». Mieux : comme un effet de censure. N'en a-t-il pas besoin pour perpétuer la mise en acte de ses plaisirs ? Nul doute, en tout cas, qu'il ne s'esquive au nom de quelque juridiction. C'est, en fait, un législateur-né.

Questions aux pornographes.

– La scène pornographique se présente, paradigmatiquement, comme l'initiation et le dressage d'une femme, encore et toujours vierge au regard de la jouissance qu'un homme prétend lui apprendre. La femme y a donc, apparemment, une place de choix : de vedette principale. Il convient qu'elle soit jeune et belle.

A qui est donnée à voir, dans son corps et sa jouissance, cette femme? Pour qui est représenté le sexe de l'homme? N'est-ce pas, finalement, à un autre homme que sont destinés les propos et performances du professeur d'immoralité? Entre deux hommes, au moins, s'établit une relation dont la jeune ignorante est la *médiation prescrite par la société.* La femme est d'autant plus à l'avant-plan que la scène se joue entre hommes. Quelle est, dans une telle économie, la *fonction de la jouissance de la femme?*

— D'ailleurs, *s'agit-il de jouissance de la femme?* Que la femme ait un, deux, dix, vingt... orgasmes, jusqu'à épuisement complet — *lassata sed non satiata?* — ne signifie pas qu'elle jouisse de sa jouissance. Ces orgasmes sont nécessaires comme démonstration de la puissance masculine. Ils signifient la réussite — pensent-ils — de la domination sexuelle de la femme par l'homme. Ils sont la *preuve que les techniques du jouir élaborées par les hommes sont valables, que l'homme est le maître incontesté des moyens de production du plaisir.* Les femmes sont là pour en témoigner. Leur dressage vise à les soumettre à une économie sexuelle exclusivement phallo-cratique : les novices sont tout à leur appétence béate de l'érection, de la pénétration violente, de la répétition des coups et blessures; les libertines parlent et agissent en phallocrates : elles séduisent, baisent, déchargent, frappent, voire tuent plus faibles qu'elles, en hommes forts qu'elles sont.

Femmes-alibis, comme on dit. Car les techniques de jouissance mises en œuvre par la pornographie sont — du moins jusqu'à présent? — bien peu appropriées au plaisir des femmes. L'obsession de l'érection et de la décharge, l'importance surévaluée de la dimension du sexe masculin, la pauvreté stéréotypée des gestes, le corps réduit à une surface à fracturer de trous, la violence, le viol... forcent, éventuellement, à la jouissance — les femmes sont douées... —, mais laquelle?

Et que les femmes sur cette jouissance restent *muettes* et *toujours et encore ignorantes,* qui s'en étonnera? La « nature » soumise aux modes de production des seuls hommes jouit à travers elles, à condition qu'elles s'y soumettent sans en rien savoir. Que le libertin, grâce à leur jouissance, en sache un peu plus, telle est sa prime de plaisir à lui.

— Il incite même les femmes à jouir entre elles. Sous son regard, bien sûr. Rien des possibilités de la mise en scène sexuelle ne doit lui échapper. A condition qu'il en soit l'organisateur, tout est permis. La question reste : en quoi voit-il ce qui se passe entre femmes? Ou : *les femmes sont-elles « entre-elles-sous-son-regard » comme elles sont entre elles?*

— Par exemple : le libertin aime le sang. Du moins celui qui coule selon ses techniques à lui. Car, quel que soit son libertinage, sa transgression de tous (?) les interdits, *le sang menstruel lui reste généralement tabou.* Les excréments, certes, mais le sang des règles, non...
Censurerait-il, à son insu, quelque chose de la « nature »? Pourquoi justement le sang? Le sang de qui? Et pourquoi les femmes sont-elles soumises à ces systèmes d'interdiction? N'ont-elles — vraiment? — pas envie de jouir pendant leurs règles? Participent-elles — mais par quelle suggestion? — à l'horreur de leur sang? Est-ce cette répulsion — induite — qui les fait haïr le sexe de leur mère?

— Encore du sang... La passivité, et plus exactement la pénétration, est toujours figurée comme accompagnée de douleur. Clause nécessaire au plaisir : de celui qui pénètre, de celle ou celui qui sont pénétrés. *Quel fantasme de corps-vierge-solide-fermé à ouvrir avec violence* sous-tend une telle représentation et une telle pratique du sexuel? La jouissance du corps en passerait toujours par l'effraction — si possible sanglante — d'une *clôture.* D'une *propriété?* Par qui, pour qui, est-elle constituée? Ce quasi-crime de lèse-propriété privée concerne quel(s) homme(s)? Même s'il s'exerce, le plus souvent, sur le corps des femmes.

— Le libertin, en tout cas, est le plus souvent bien pourvu d'argent, de langage, de techniques. Est-ce en fonction de cette appropriation de richesses et d'instruments de production qu'il séduit – achète? – les femmes, les enfants, les plus « pauvres », et qu'il les contraint à la jouissance? Encore une fois : quelle jouissance? Et serait-ce parce qu'il n'est pas astreint au travail qu'il a tout le loisir d'élaborer son savoir du plaisir?

Serait-ce son travail à lui? *Comment celui-ci s'articule-t-il au monde du travail en général?* Le pornographe n'est-il pas – aujourd'hui – un fonctionnaire d'État dévoué aux questions de salubrité publique?

En effet, la scène pornographique – tacitement ou explicitement encouragée par les pouvoirs républicains – fonctionne comme un lieu, bien cloisonné, de « décharges » et de « pollutions » à satiété. La mécanique humaine s'y trouve, périodiquement, nettoyée-vidée de ses désirs et excès sexuels possibles. Les corps, purgés de leurs débordements éventuels, peuvent retourner à leur place-rouage dans les circuits du travail, de la société, voire de la famille. Tout se passera proprement jusqu'à la prochaine fois.

– La prochaine fois? La scène pornographique est *indéfiniment répétitive*. Cela ne s'arrête jamais. Il faut toujours recommencer. Une fois de plus. Une fois encore. Sous l'alibi du plaisir s'impose la nécessité d'une réitération : sans fin. *Qu'est-ce qui se dérobe ainsi au plaisir pour que la contrainte à répéter soit aussi tyrannique?* Pour que quelque impératif catégorique oblige à courir après une jouissance, toujours en reste? Car seul l'épuisement physique détermine l'arrêt de la scène, non l'atteinte d'une jouissance plus exhaustive. Celle-ci se fait même de plus en plus rare et coûteuse : il en faut, au maître, de plus en plus pour jouir. La pornographie, c'est le *règne de la série.* Une fois de plus, une « victime » de plus, un coup de plus, une mort de plus...

– Mais en circuit fermé : espace et temps clos. La scène engendre, rigoureusement, la saturation et l'ennui. Le quantitatif fonctionne comme sa seule « ouverture ». Ou la mort : issue à ce cycle, sans terme. *D'où se prescrit cette monotonie?* Le libertinage n'est-il pas déterminé aussi par un surmoi aussi cruel qu'automatique dans son exercice? Machination de la jouissance où viennent s'immoler les corps sexués dans un sacrifice d'autant plus réussi qu'il atteint l'évanouissement (dans) la mort.

De là cette question : pour l'homme, l'abondance — réalité ou fantasme — sur laquelle joue essentiellement la séduction pornographique *doit-elle encore et toujours s'expier dans la perte?* L'en-plus aboutir à l'en-moins? L'accumulation à la décharge? Jusqu'à épuisement des réserves? Et on recommence. A l'horizon de la scène pornographique resterait la fascination pour le manque? L'homme y avouerait son incapacité à jouir des richesses? De la nature? *Quel mythe tout-puissant et implacablement persécuteur domine l'économie de cette scénographie sexuelle?*

Bien d'autres questions pourraient être posées aux pornographes. Sans évoquer pour autant la question d'être « pour » ou « contre » leurs pratiques. Après tout, mieux vaut que s'exerce, ouvertement, la sexualité qui sous-tend notre ordre social plutôt qu'elle ne le prescrive du lieu de ses refoulements. Peut-être qu'à force d'exhiber, sans pudeur, la phallocratie partout régnante, une autre économie sexuelle deviendra possible? La pornographie comme « catharsis » de l'empire phallique? Comme dévoilement de l'assujettissement sexuel des femmes?

Les femmes hors du boudoir.

Femmes, ne faites plus un effort. On vous a appris que vous étiez propriété privée ou publique : d'un homme ou de tous. D'une famille, d'une tribu, d'un État, éventuellement républicain. Que tel était votre plaisir. Et que, sans soumission aux désirs — d'un homme ou de tous —, vous ne connaissiez pas de jouissance. Que celle-ci était, pour vous, toujours liée à la douleur, mais que telle était votre nature. Lui désobéir revenant à faire votre malheur.

Mais votre nature était, curieusement, toujours définie par les seuls hommes, vos éternels pédagogues : en sciences sociales, religieuses, ou sexuelles. Vos instituteurs moraux ou immo-

201

raux. C'est eux qui vous ont instruites de vos besoins ou désirs, sans que vous ayez commencé à en dire quelque chose.

Alors, demandez-vous quelle nature parle par leurs voies, théoriques ou pratiques. Et si l'attrait vous venait d'autres choses que ce qu'ordonnent les lois, règles, rituels, qui sont les leurs, pensez que — peut-être — il s'agit là de *votre* « nature ».

Ne recherchez même pas cet alibi. Faites ce qui vous vient, ce qui vous plaît : sans « raison », sans « cause valable », sans « justification ». Il n'est pas nécessaire d'élever vos impulsions à la dignité d'impératifs catégoriques : ni pour vous ni pour d'autres. Elles peuvent se modifier, s'accorder, ou non, à celles de tel ou telle autre. Aujourd'hui, pas demain. Ne vous obligez pas à la répétition, ne figez pas vos rêves ou désirs en représentations uniques et définitives. Vous avez tant de continents à explorer que vous donner des frontières reviendrait à ne pas « jouir » de toute votre « nature ».

QUAND NOS LÈVRES
SE PARLENT

Si nous continuons à nous parler le même langage, nous allons reproduire la même histoire. Recommencer les mêmes histoires. Tu ne le sens pas? Écoute : autour de nous, les hommes et les femmes, on dirait que c'est pareil. Mêmes discussions, mêmes disputes, mêmes drames. Mêmes attraits, et ruptures. Mêmes difficultés, impossibilités de se joindre. Mêmes... Même... Toujours le même.

Si nous continuons à parler le même, si nous nous parlons comme se parlent les hommes depuis des siècles, comme on nous a appris à parler, nous nous manquerons. Encore... Les mots passeront à travers nos corps, par-dessus nos têtes, pour aller se perdre, nous perdre. Loin. Haut. Absentes de nous : machinées parlées, machinées parlantes. Enveloppées dans des peaux propres, mais pas les nôtres. Env(i)olées dans des noms propres. Pas le tien, ni le mien. Nous n'en avons pas. Nous en changeons comme ils nous échangent, comme ils nous en usent. Nous serions frivoles d'être aussi changeantes, échangées par eux.

Comment te toucher si tu n'es pas là? Ton sang devenu leur sens. Eux peuvent se parler, et de nous. Mais nous? Sors de leur langage. Essaie de retraverser les noms qu'ils t'ont donnés. Je t'attends, je m'attends. Reviens. Ce n'est pas si difficile. Tu restes ici, et tu ne t'abstrais pas en scènes déjà jouées, en phrases déjà entendues et redites, en gestes déjà connus. En corps déjà codés. Tu essaies d'être attentive à toi. A moi. Sans te laisser distraire par la norme, ou l'habitude.

Ainsi : *je t'aime,* normalement ou habituellement, s'adresse à une énigme : un autre. Un autre corps, un autre sexe. Je t'aime : je ne sais pas trop qui, ni trop quoi. J'aime s'écoule, s'engouffre, se noie, se brûle, se perd, dans de l'abîme. Il faudra attendre le retour de « j'aime ». Parfois longtemps, parfois toujours. Où est passée « j'aime »? Où suis-je devenue? J'aime guette l'autre. M'a-t-il mangée? Rejetée? Prise? Laissée? Enfermée? Expulsée? Comment est-il maintenant? Plus moi? Quand il me dit : *je t'aime,* me rend-il? Ou est-ce lui qui se donne sous cette forme? La sienne? La mienne? La même? Une autre? Mais alors où suis-je devenue?

Quand tu dis je t'aime – en restant ici, proche de toi, de moi –, tu dis je m'aime. Tu n'as pas à attendre que cela te soit rendu, moi pas davantage. Je ne te dois rien, tu ne me dois rien. Ce je t'aime est sans don, ni dette. Tu ne me « donnes » rien en te touchant, en me touchant : te retouchant à travers moi. Tu ne te donnes pas. Que ferais-je de toi, de moi, ainsi repliées sur un don? Tu te/me gardes autant que tu te/me répands. Tu te/me retrouves autant que tu te/me confies. Ces alternatives, ces oppositions, ces choix, ces marchés n'ont pas cours, entre nous. Sauf à répéter leur commerce, à rester dans leur économie. Où nous n'a pas lieu.

Je t'aime : corps partagé. Sans coupure. Sans toi, ni moi tranchés. Pas de sang nécessairement versé ou à verser, entre nous. Pas besoin de plaie pour nous souvenir que le sang existe. Il coule en nous, de nous. Le sang nous est familier. Le sang : proche. Tu es toute rouge. Et tellement blanche. L'une et l'autre. Tu ne deviens pas rouge en perdant ta candeur. Tu es blanche de ne pas t'être éloignée du sang. De nous, blanches tout en restant rouges, naissent toutes les couleurs : roses, brunes, blondes, vertes, bleues... Car cette blancheur n'est pas du semblant. Du sang mort. Du sang noir. Le semblant est noir. Il absorbe tout, fermé(e), pour essayer de reprendre vie. En vain... La blancheur du rouge ne prend rien. Elle renvoie autant qu'elle reçoit. Lumineuse, sans autarcie.

Lumineuses, nous. Sans une, ni deux. Je n'ai jamais su compter. Jusqu'à toi. Nous serions deux, dans leurs calculs.

Deux, vraiment? Ça ne te fait pas rire? Un drôle de deux.
Pourtant pas une. Surtout pas une. Laissons-leur *le un*. Le
privilège, la domination, le solipsisme du *un* : aussi du soleil.
Et cette étrange répartition de leurs couples, où l'autre est
l'image de l'un. Image seulement. Aller vers l'autre revient
donc à l'attrait de son mirage. Miroir (à peine) vivant. Gla-
cé(e). Muet(te). C'est plus fidèle. Harassant travail de doublure, de mime, où s'épuise la mouvance de notre vie. Vouées
à reproduire. Ce même où nous sommes depuis des siècles :
les autres.

Mais comment dire autrement : je t'aime? Je t'aime, mon
indifférente? Cela revient à nous plier à leur langage. Pour
nous désigner, ils nous ont laissé les manques, les défauts.
Leur(s) négatif(s). Nous devrions être – c'est déjà trop dire –
des indifférentes.

Indifférente, tiens-toi tranquille. Si tu bouges, tu déranges
leur ordre. Tu fais tout basculer. Tu romps le cercle de leurs
habitudes, la circularité de leurs échanges, de leur savoir, de
leur désir. De leur monde. Indifférente, tu ne dois pas te
mouvoir, ni t'émouvoir, à moins qu'ils ne t'appellent. S'ils
disent : « viens », alors tu peux t'avancer. A peine. T'ajus-
tant au besoin qu'ils ont ou non de la présence de leur image.
Un pas, ou deux. Sans plus. Ni exubérance ni turbulence.
Sinon, tu casses tout. La glace. Leur terre, leur mère. Ta
vie? Tu dois faire semblant : la recevoir d'eux. Petit réceptacle indifférent, soumise à leurs seules pressions.

Donc, nous serions indifférentes. Ça ne te fait pas rire?
Du moins, là, tout de suite? Indifférentes, nous? (Si tu éclates
de rire tout le temps, et partout, nous ne pourrons jamais
nous parler. Et nous serons encore env(i)olées dans leurs
mots. Alors, reprenons un peu de notre bouche pour essayer
de dire.) Non différentes, c'est vrai. Enfin... Ce serait trop
simple. Et ce « non » nous sépare encore pour nous mesurer.
Ainsi disjointes, plus de nous. Semblables? Si l'on veut. C'est
un peu abstrait. Je ne comprends pas bien : semblables. Tu
comprends? Semblables au regard de qui? En fonction de
quoi? Quel étalon? Quel tiers? Je te touche, c'est bien assez
pour savoir que tu es mon corps.

Je t'aime : nos deux lèvres ne peuvent se séparer pour laisser passer *un* mot. Un seul mot qui dirait toi, ou moi. Ou : égales. Qui aime, qui est aimée. Elles disent — fermées et ouvertes, sans que l'un exclue jamais l'autre — l'une et l'autre s'aiment. Ensemble. Pour produire un mot exact, il faudrait qu'elles se tiennent écartées. Décidément écartées l'une de l'autre. Distantes l'une de l'autre, et entre elles *un mot*.

Mais d'où viendrait ce mot? Tout correct, refermé, replié sur son sens. Sans faille. *Toi. Moi.* Tu peux rire... Sans faille, ce ne serait plus toi ni moi. Sans lèvres, plus nous. L'unité des mots, leur vérité, leur propriété, c'est leur absence de lèvres. L'oubli des lèvres. Les mots sont muets, quand ils sont dits une fois pour toutes. Enveloppés proprement pour que leur sens — leur sang — ne s'échappe pas. Tels les enfants des hommes? Pas les nôtres. Et, d'ailleurs, qu'avons-nous besoin ou désir d'enfant? Ici maintenant : proches. Les hommes, les femmes font des enfants pour donner corps à leur rapprochement, leur éloignement. Mais nous?

Je t'aime, enfance. Je t'aime, toi qui n'es ni mère (pardon ma mère, je vous préfère une femme) ni sœur. Ni fille ou fils. Je t'aime — et que m'importe là où je t'aime les filiations de nos pères, et leurs désirs de semblants d'hommes. Et leurs institutions généalogiques — ni mari ni femme. Aucune famille. Aucun personnage, rôle ou fonction — leurs lois reproductrices. Je t'aime : ton corps là ici maintenant. Je/tu te/me touches, c'est bien assez pour que nous nous sentions vivantes.

Ouvre tes lèvres, ne les ouvre pas simplement. Je ne les ouvre pas simplement. Tu/je ne sommes ni ouvertes ni fermées. Ne nous séparant jamais, simplement : *un seul mot* ne peut être prononcé. Être produit, sorti, de nos bouches. Entre tes/mes lèvres plusieurs chants, plusieurs dires, toujours se répondent. Sans que l'un, l'une, soit jamais séparable de l'autre. Tu/je : font toujours plusieurs à la fois. Et comment l'un, l'une, dominerait-il l'autre? Imposant sa voix, son ton, son sens? Elles ne se distinguent pas. Ce qui ne signifie pas qu'elles se confondent. Vous n'y comprenez rien? Pas plus qu'elles ne vous comprennent.

Parle quand même. Que ton langage ne soit pas d'un seul fil, d'une seule chaîne, d'une seule trame, c'est notre chance. Il vient de partout à la fois. Tu me touches toute en même temps. Dans tous les sens. Un chant, un discours, un texte à la fois, pourquoi? Pour séduire, combler, recouvrir un de mes « trous »? Je n'en ai pas, avec toi. Les manques, les béances, qui attendraient de l'autre subsistance, plénitude, complétude, ce n'est pas nous. Que de nos lèvres nous soyons femmes ne veut pas dire que manger, consommer, nous remplir, soit ce qui nous importe.

Embrasse-moi. Deux lèvres embrassant deux lèvres : l'ouvert nous est rendu. Notre « monde ». Et le passage du dedans au-dehors, du dehors au-dedans, entre nous est sans limites. Sans fin. Échanges qu'aucune boucle, aucune bouche, n'arrête jamais. Entre nous, la maison n'a plus de mur, la clairière de clôture, le langage de circularité. Tu m'embrasses : le monde est si grand qu'il en perd tout horizon. Insatisfaites, nous? Oui, si c'est dire que jamais nous ne sommes finies. Si notre plaisir est de nous mouvoir, émouvoir, sans cesse. Toujours en mouvements : l'ouvert ne s'épuise ni ne se sature.

Dire plusieurs à la fois, on ne nous l'a ni appris ni permis. Cela n'est pas correctement parler. Certes, nous pouvions – nous devions? – exhiber quelque « vérité » tout en sentant, retenant, taisant quelque autre. Son revers? Son complément? Son reste? demeurait caché. Secret. Dehors et dedans, nous n'avions pas à être pareilles. Cela ne convient pas à leur désir. Voiler dévoiler, n'est-ce pas ce qui les intéresse?

Ce qui les affaire? Répétant toujours la même opération.
Chaque fois. Sur chaque une.

Tu/je se dédouble donc pour leur plaire. Mais ainsi divisée en deux — une dehors, autre dedans —, tu ne t'embrasses plus, tu ne m'embrasses plus. Dehors, tu essaies de te conformer à un ordre qui t'est étranger. Exilée de toi, tu te confonds à tout ce qui se présente à toi. Tu mimes tout ce qui t'approche. Tu deviens tout ce qui te touche. Avide de te retrouver, tu t'éloignes indéfiniment de toi. De moi. T'assimilant modèle après modèle, passant de maître en maître, changeant de figure, de forme, de langage, selon ce qui te domine. Écartée(s). A force de te laisser abuser, impassible travestie. Tu ne reviens plus : indifférente. Tu reviens : impénétrable, fermée.

Parle-moi. Tu ne peux pas? Tu ne veux plus? Tu veux te garder? Rester muette? Blanche? Vierge? Te réserver celle du dedans? Mais elle n'existe pas sans l'autre. Ne te déchire pas ainsi selon des choix qui te seraient imposés. Il n'y a pas, *entre nous,* de rupture entre vierge et non vierge. Pas d'événement qui nous rendrait femme. Bien avant ta naissance, tu te touches, innocente. Le sexe de ton/mon corps ne nous est pas donné par une opération. Par l'action d'un pouvoir, d'une fonction, d'un organe. Sans intervention ni manipulation particulière, déjà tu es femme. Sans recours nécessaire à un dehors, déjà l'autre t'affecte. Inséparable de toi. Tu es, toujours et partout, altérée. Tel est ton crime, que tu n'as pas commis : tu déranges leur amour de la propriété.

Comment te dire que ta jouissance est sans mal possible, étrangère au bien? Que la faute ne peut advenir que lorsque, enlevée à ta faille, ils peuvent sur toi, fermée, inscrire leurs possessions, pratiquer leurs effractions, risquer leurs infractions, transgressions... Et autres jeux de loi. Où ils spéculent — et toi? — sur ta blancheur. Si nous nous y prêtons, nous nous laissons abuser, abîmer. Distantes, indéfiniment, de nous, pour soutenir la poursuite de leurs fins. Telle serait notre tache. Si nous nous soumettons à leur raison, nous sommes coupables. Leurs calculs – voulu, pas voulu – c'est de nous rendre coupables.

Tu reviens, partagée : plus de nous. Tu te divises en rouge et blanche, noire et blanche, comment nous retrouver? Nous retoucher? Découpées, parties, finies : notre jouissance est suspendue dans leur économie. Où être vierge revient à n'être pas encore marquée par et pour eux. Pas encore femme par et pour eux. Pas encore empreinte de leur sexe, leur langage. Pas encore pénétrée, possédée, d'eux. A demeurer dans une candeur qui serait une attente d'eux, un rien sans eux, un vide sans eux. Être vierge : le futur de leurs échanges, commerces, et transports. La réserve de leurs explorations, consommations, exploitations. L'à venir de leur désir. Pas du nôtre.

Comment le dire? Que tout de suite nous sommes femmes. Que nous n'avons pas à être produite telle par eux, nommée telle par eux, sacrée et profanée telle par eux. Que cela est toujours déjà arrivé, sans leur travail. Et que leur(s) histoire(s) constitue le lieu de notre déportation. Ce n'est pas que nous ayons un territoire propre, mais leur patrie, famille, foyer, discours, nous emprisonnent dans des espaces clos où nous ne pouvons continuer à nous mouvoir. A nous vivre. Leurs propriétés, c'est notre exil. Leurs clôtures, la mort de notre amour. Leurs mots, le bâillon de nos lèvres.

Comment parler pour sortir de leurs cloisonnements, quadrillages, distinctions, oppositions : vierge/déflorée, pure/impure, innocente/avertie... Comment nous désenchaîner de ces termes, nous libérer de leurs catégories, nous dépouiller de leurs noms. Nous dégager, *vivantes,* de leurs conceptions? Sans réserve, sans blanc immaculé qui soutienne le fonctionnement de leurs systèmes. Tu sais bien que nous ne sommes jamais finies, mais que nous ne nous embrassons que tout entières. Que les parties après parties – du corps, de l'espace, du temps – interrompent le flux de notre sang. Nous paralysent, nous figent, nous immobilisent. Plus pâles. Presque froides.

Attends. Mon sang revient. De leur sens. Il fait à nouveau chaud en nous. Entre nous. Leurs mots se vident. Exsangues. Peaux mortes. Tandis que nos lèvres redeviennent rouges. Elles bougent, remuent, elles veulent parler. Tu veux dire? Quoi? Rien. Tout. Oui. Sois patiente. Tu diras tout. Commence par ce que tu sens, là, tout de suite. Le toute va venir.

Mais tu ne peux pas l'anticiper, le prévoir, le programmer. Le toute n'est pas projetable. Maîtrisable. C'est tout notre corps qui s'émeut. Pas de surface qui tienne. De figure, de ligne, de point qui restent. De sol qui subsiste. Mais pas plus d'abîme. La profondeur, pour nous, n'est pas un gouffre. Sans écorce solide, pas de précipice. Notre profondeur : l'épaisseur de notre corps, toute qui se retouche. Sans dessus dessous, endroit envers, devant derrière, en haut en bas isolés. Éloignés, hors de contact. Toute entremêlée. Sans cassures, ni ruptures.

Si tu/je hésite à parler, n'est-ce pas que nous avons peur de ne pas bien dire? Mais quoi serait bien ou mal? A quoi nous conformerions-nous en parlant « bien »? Quelle hiérarchie, subordination, nous brimerait là? Nous briserait là? Quelle prétention à nous élever dans un discours plus valable? L'érection, ce n'est pas notre affaire : nous sommes si bien dans les plages. Nous avons tant d'espaces à nous partager. L'horizon, pour nous, n'aura jamais fini de se cerner, toujours ouvertes. Étendues, ne cessant jamais de nous déployer, nous avons tant à inventer de voix pour dire nous partout, y compris nos failles, que tout le temps n'y suffira pas. Nous n'aurons jamais accompli notre parcours, notre pourtour : nous avons tant de dimensions. Si tu veux parler « bien », tu te resserres, deviens plus étroite, en montant. T'étirant, tendue plus haute, tu t'éloignes de l'illimité de ton corps. Ne t'érige pas, tu nous quittes. Le ciel n'est pas là haut : il est entre nous.

Et ne te crispe pas sur le mot « juste ». Il n'y en a pas. Pas de vérité entre nos lèvres. Tout a lieu d'exister. Tout vaut d'être échangé, sans privilège ni refus. Échangé? Tout s'échange, mais sans commerce. Entre nous, pas de propriétaires ni d'acquéreurs, pas d'objets déterminables, pas de prix. Nos corps s'accroissent de nos jouissances communes. Notre abondance est inépuisable : ne connaissant ni rareté ni richesses. Nous abandonnant tout(e) sans réserve et sans accaparement, nos échanges sont sans termes. Comment le dire? Le langage que nous connaissons est si limité...

Parler pourquoi, me diras-tu? Nous sentons les mêmes choses en même temps. Mes mains, mes yeux, ma bouche, mes lèvres, mon corps ne te suffisent pas? N'est-ce pas assez, ce qu'ils te disent? Je pourrais te répondre : oui. Mais ce serait trop simple. Trop dit pour te/nous rassurer.

Si nous n'inventons pas un langage, si nous ne trouvons pas son langage, notre corps aura trop peu de gestes pour accompagner notre histoire. Nous nous fatiguerons des mêmes, laissant notre désir en latence, en souffrance. Rendormies, insatisfaites. Et rendues aux mots des hommes. Qui, eux, savent depuis longtemps. Mais *pas notre corps*. Séduites, attirées, fascinées, extasiées de notre devenir, nous resterons paralysées. Privées de *nos mouvements*. Figées, alors que nous sommes faites pour le changement sans arrêt. Sans bonds ni chutes nécessaires. Et — sans répétition.

Continue, sans essoufflement. Ton corps n'est pas le même aujourd'hui qu'hier. Ton corps se souvient. Pas besoin de *te* souvenir. De garder, compter, capitaliser hier dans ta tête. Ta mémoire? Ton corps dit hier dans ce qu'il veut aujourd'hui. Si tu penses : hier j'étais, demain je serai, tu penses : je suis un peu morte. Sois ce que tu deviens, sans t'accrocher à ce que tu aurais pu être, à ce que tu pourrais être. Sans être jamais fixé(e). Laissons le décisif aux indécis. Nous n'avons pas besoin de définitif. Notre corps, là ici maintenant, nous donne une tout autre certitude. La vérité est nécessaire à ceux qui se sont tant éloignés de leur corps qu'ils l'ont oublié. Mais leur « vérité » nous immobilise, statuées, si nous ne nous en déprenons pas. Si nous n'en défaisons pas le pouvoir en essayant de dire, là ici tout de suite, comment nous sommes émues.

Tu bouges. Tu ne restes jamais tranquille. Tu ne restes jamais. Tu n'es jamais. Comment te dire? Toujours autre. Comment te parler? Demeurant dans le flux, sans jamais le figer. Le glacer. Comment faire passer dans les mots ce courant? Multiple. Sans causes, sens, qualités simples. Et pourtant indécomposable. Ces mouvements que le parcours d'un point d'origine à une fin ne décrit pas. Ces fleuves, sans mer unique et définitive. Ces rivières, sans rives persistantes. Ce corps sans bords arrêtés. Cette mobilité, sans cesse. Cette vie. Ce qu'on appellera peut-être nos agitations, nos folies, nos feintes ou nos mensonges. Tant tout cela reste étrange à qui prétend se fonder sur du solide.

Parle quand même. Entre nous, le « dur » ne s'impose pas. Nous connaissons assez les contours de nos corps pour aimer la fluidité. Notre densité se passe de tranchant, de rigidité. Notre désir ne va pas au cadavérique.

Mais comment ne pas mourir quand nous serons loin l'une de l'autre? C'est notre risque. Comment attendre que tu reviennes si, distante, tu ne peux aussi être proche? Si quelque chose d'encore sensible ne rappelle, ici maintenant, le toucher de nos corps. Ouvertes à l'infini de notre éloignement, refermées sur le rien de tangible de l'absence, comment continuer à nous vivre? Ne pas nous laisser, encore, env(i)oler dans leur langage. Incorporées de deuil. Il faut bien apprendre à nous parler pour que nous puissions aussi nous embrasser à distance. Sans doute, me retouchant, je me souviens de toi. Mais tant de mots sont prononcés, nous prononcent, qui nous séparent.

Inventons vite nos phrases. Que partout et tout le temps nous n'arrêtions pas de nous embrasser. Nous sommes si subtiles qu'aucun obstacle ne résistera, que rien ne pourra s'opposer à ce que nous nous rejoignions, même fugitives, si nous trouvons des moyens de transmission qui aient *notre* densité. Nous traverserons tout, imperceptibles, sans rien abîmer, pour nous retrouver. Personne n'y verra rien. Notre force, c'est notre faible résistance. Eux savent depuis longtemps ce que vaut notre souplesse pour leurs étreintes, leurs empreintes. Pourquoi ne pas en jouer entre nous? Au lieu de nous laisser assujettir par leurs marques. Fixées, stabilisées, immobilisées. Séparées.

Ne pleure pas. Nous arriverons bien un jour à nous dire. Et ce que nous dirons sera encore plus beau que nos larmes. Toutes fluides.

Déjà, je te transporte avec moi partout. Non comme un enfant, un fardeau, un poids. Même aimé, même précieux. Tu n'es pas *en moi*. Je ne te contiens ni ne te retiens : dans mon ventre, mes bras, ma tête. Ni ma mémoire, mon esprit, mon langage. Tu es là, telle la vie de ma peau. La certitude d'exister en deçà de toute apparence, tout revêtement, toute dénomination. L'assurance de vivre parce que tu redoubles ma vie. Ce qui ne veut pas dire que tu me donnes ou subordonnes la tienne. Que tu vives fait que je me sens vivre, à condition que tu ne sois ni ma réplique ni mon mime.
Comment dire autrement : nous ne sommes que par deux? Nous vivons par deux en deçà des mirages, des images. Des miroirs. Entre nous, l'une n'est pas la « vraie », l'autre sa copie, l'une l'original(e), l'autre son reflet. Nous qui pouvons être si parfaitement simulatrices dans leur économie, nous nous rapportons l'une à l'autre sans simulacre. Notre ressemblance se passe de semblant : mêmes déjà dans notre corps. Touche-toi, touche-moi, tu vas « voir ».

Pas besoin de nous composer une deuxième figure de glace pour être « en double ». Nous répéter : une deuxième fois. Avant toute représentation, nous sommes deux. Laisse se rapprocher ces deux que ton sang t'a faites, que mon corps te rappelle, vivantes. Tu as toujours la beauté touchante d'une première fois, si tu ne te figes pas en reproductions. Tu es toujours émue pour la première fois, si tu ne t'immobilises dans aucune forme de retour.

Sans modèle, étalon, ni exemple, ne nous donnons jamais d'ordre, de commandement, de défense. Que nos impératifs ne soient que des appels à nous mouvoir : ensemble. Ne nous faisons jamais la loi, la morale. La guerre. N'ayons pas raison. Pas de droit pour te/me critiquer. Si tu/je juge, notre existence s'arrête. Et ce que j'aime en toi, en moi, en nous n'a plus lieu : la naissance jamais accomplie, le corps jamais produit une fois pour toutes, la figure jamais définitivement achevée, le visage toujours encore à se modeler. Les lèvres jamais ouvertes ou fermées sur une vérité.

La lumière, pour nous, n'est pas violente. Meurtrière. Le soleil, pour nous, ne se lève ni ne se couche simplement. Le jour et la nuit se mélangent dans nos regards. Nos gestes. Nos corps. Nous n'avons pas, à strictement parler, d'ombre. Pas de risque, entre nous, que l'une ou l'autre soit un double plus obscur. Je veux rester nocturne, et retoucher en toi ma nuit. Doucement lumineuse. Et ne t'imagine surtout pas que je t'aime brillante comme un phare. Dominant, altière, ce qui t'entoure. Séparer la lumière de la nuit revient à renoncer à la légèreté de notre mélange. A durcir ces hétérogènes qui nous font si continûment toute(s). A nous diviser par des cloisons étanches, à nous dissocier en parties, à nous couper en deux, et plus. Alors que nous sommes toujours l'une et l'autre, en même temps. Nous ne pouvons pas nous distinguer ainsi. Sans cesser de naître : toute(s). Sans limites ni bords, que ceux de nos corps mouvants.

Et nous ne pouvons arrêter de nous parler que sous l'effet, pour nous trop limitant, d'une montre. Ne t'inquiète pas. Je – continue. Sous toutes ces contraintes d'espaces et de temps fabriqués, je – sans cesse – t'embrasse. Que d'autres nous fassent fétiches, pour nous séparer, c'est leur affaire. Ne nous laissons pas immobiliser dans ces emprunts.

Et si, tant de fois, j'insiste : *pas, ni, sans,...* c'est pour te rappeler, nous rappeler, que nous ne nous touchons que nues. Et que, pour ainsi nous retrouver, nous avons beaucoup à nous déshabiller. Tant de représentations, et d'apparences, nous éloignent l'une de l'autre. Ils nous ont si longtemps enveloppées selon leur désir, nous nous sommes si souvent parées pour leur plaire, que nous en avons oublié notre peau. Hors de notre peau, nous restons distantes. Toi et moi écartées.

Toi? Moi? C'est déjà trop dire. Trop trancher entre nous : toute(s).

Ces textes ont été publiés en première version dans :

« Le miroir, de l'autre côté », in *Critique,* février 1973, n° 309.
« Ce sexe qui n'en est pas un », in *Cahiers du Grif,* n° 5.
« Retour sur la théorie psychanalytique », in *Encyclopédie médico-chirurgi-cale, gynécologie,* 3-1973, 167 A-10.
« Pouvoir du discours/subordination du féminin », in *Dialectiques,* n° 8.
« Cosi fan tutti », in *Vel,* n° 2, août 1975.
« La " mécanique " des fluides », in l'*Arc,* n° 38.
« Le marché des femmes », in *Sessualità e politica,* éd. Feltrinelli, 1976.
« Des marchandises entre elles », in *La Quinzaine Littéraire,* n° 215, août 1975.
« " Françaises ", ne faites plus un effort... », in *La Quinzaine Littéraire,* n° 238, août 1976.
« Quand nos lèvres se parlent », in *Cahiers du Grif,* n° 12.